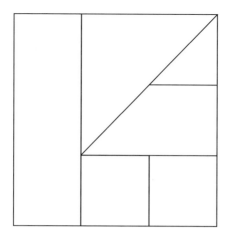

순자를 읽다

儒學主流真正的塑造者: 荀子
楊照 著
© 2014 Yang Zhao

Korean translation copyright © 2019 by UU PRESS
Korean translation rights arranged with Yang Zhao
through The Institute of Sino-Korean Culture.

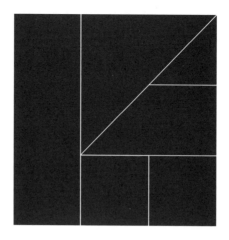

순자를 읽다

=

유가를 중국 사상의
주류로 만든 순자를
공부하는 첫걸음

양자오 지음 + 김택규 옮김

저자 서문

동양고전 읽는 법

1

2007년부터 2011년까지 5년간, 저는 민룽 강당敏隆講堂
에서 '중국 역사 다시 보기'重新認識中國歷史 강좌를 개설하고
13기에 걸쳐 130강을 강의했습니다. 신석기에서 신해혁명까
지 중국 역사를 죽 훑는 이 통사 강좌는 전통적인 해설을 벗
어나 신사학 혁명新史學革命* 이후 지난 100여 년간 중국 역
사 연구의 새롭고 중요한 발견과 해석을 소개하는 데 역점을
두었습니다. '중국 역사 다시 보기'라는 제목도 그래서 달았
지요.

---

* 근대적인 방법론에 입각한 새로운 역사학.

'중국 고전을 읽다' 시리즈는 원래 이 통사 강좌에 이어지는 형식이어서 고전의 선별도 같은 취지로 역사적 관점에서 이루어졌습니다. 중국 역사를 다른 방식으로 한 번 더 강의하는 셈이지요.

저는 통사 강좌에서는 수천 년 중국 역사의 거대하고 유장한 흐름 가운데 제가 중요하다고 여기거나 소개할 만하며 함께 이야기할 만한 부분을 가려 뽑아 중국 역사를 보여 주려 했습니다. 반면 '중국 고전을 읽다'에서는 주관적인 선택과 판단을 줄여, 독자들이 직접 고전을 통해 중국 역사를 살피고 이해하게 되기를 바라고 있습니다.

오늘날의 일상 언어로 직접 수천 년 전 고전을 읽고 역사를 이해한다는 것은 매우 보기 드문 행운입니다. 현대 중국인은 2천여 년 전의 중국 문자를 번역 없이 읽을 수 있고, 정보의 대부분을 직관적으로 파악할 수 있으며, 조금만 더 시간을 들이면 보다 깊은 의미도 해석할 수 있습니다. 고대의 중국 문자와 오늘날 중국인이 일상에서 쓰는 문자 사이에는 분명하고도 강력한 연속성이 존재하지요. 현대 사회에서 통용되는 중국 문자의 기원은 대부분 거의 『시경』詩經과 『상서』尙書 시대까지 거슬러 올라가며, 그중 일부는 갑골문甲骨

文이나 금문金文의 시대까지 소급됩니다. 문법에서도 꽤 차이가 있고 문자의 뜻이 완전히 일치하지는 않지만, 고대 중국 문자의 사용 규칙은 오늘날 쓰이는 문자와 대비해 보면 매우 쉽게 유추됩니다.

이는 인류 문명에서 매우 특이한 현상으로 사실상 세계 역사에서 또 다른 사례를 찾아보기 어렵습니다. 기원전 3천 년부터 오늘날에 이르기까지, 같은 기호와 같은 의미가 결합된 하나의 문자 체계가 5천 년 동안이나 끊이지 않고 이어져, 오늘날 문자의 사용 규칙에서 유추해 몇천 년 전의 문헌을 직접 읽을 수 있다니 대단하지요.

이처럼 고대부터 간단없이 이어진 중국 문자의 전통은 문명의 기본 형태를 결정짓는 데 상당한 영향을 주었습니다. 비록 중국 사회가 역사를 통해 이에 상응하는 대가를 치르기는 했지만, 이 전통 덕분에 지금 이 시대의 중국인은 매우 희소가치가 높은 능력을 얻었습니다. 이런 능력을 잘 이해하고 사용하지 않을 이유가 없지요.

2

고전을 읽는 첫 번째 이유는 이런 것입니다. 중국 역사에는 가장 기본적인 자료들이 있습니다. 이 누적된 자료를 선택하고 해석하면서 역사의 다양한 서술 방식이 형성되었습니다. 중국 문자를 이해하고 그 역사에 관심이 있는 사람이라면 누구나 역사의 다양한 서술 방식을 접하고 나서 그 기본적인 자료들로 돌아갈 수 있습니다. 누구나 역사학자들이 어떻게 이 자료들을 멋지게 요리했는지 직접 살필 수 있고, 스스로 가장 기본적인 자료들을 들추며 서술의 옳고 그름을 따질 수 있는 것입니다.

우리는 『시경』이 어떤 책인지 소개하는 책을 읽고, 『시경』에서 뽑아낸 재료로 서주西周 사회의 모습을 재구성한 이야기를 듣기도 합니다. 그런데 이런 기초 위에서 『시경』을 읽으면 『시경』의 내용과 우리가 처음 상상한 것이 그다지 닮지 않았음을 알게 될지 모릅니다. 서주 사회에 대해 우리가 처음 품었던 인상과 『시경』이 보여 주는 실제 내용은 전혀 다를 수 있지요. 어쨌든 우리에게 무척 강렬한 독서의 즐거움을 안겨 줄 겁니다!

고전을 읽는 두 번째 이유는 그것이 현재와 다른 시공간에서 탄생했음에도, 인간의 보편적 경험과 감상을 반영한다는 데 있습니다. 오늘날에도 우리는 여전히 같은 인간이라는 입장에서 고전 속의 경험과 감상을 확인할 수 있고 느낄 수 있고 비교할 수 있습니다. 우리는 그 안에서 비슷한 경험과 감상을 발견하고, 시공간의 차이를 넘어 공감대를 형성할 수 있습니다. 그리고 다른 경험과 감상을 통해서는 우리 삶의 경험을 확장할 수도 있지요.

　역사학 훈련에서 얻어진 습관과 편견으로 인해, 저는 고전을 읽을 때 오늘날 현실과는 전혀 다른 사실들이 던져 주는 지적 자극에 좀 더 흥미를 느낍니다. 역사는 우리에게 인류의 다양한 경험과 폭넓은 삶의 가능성을 보여 주고, 나아가 우리가 너무도 당연하게 여겼던 현실에 의문을 품고 도전하게 만들지요. 이 점이 바로 역사의 가장 근본적인 기능입니다. 또한 역사라는 학문이 존재하는 의의이자 다른 무엇과도 바꿀 수 없는 핵심 가치이기도 합니다.

3

중국 사회가 수천 년 동안 이어진 문자 전통 때문에 상응하는 대가를 치렀다는 사실은 앞서도 언급한 바 있습니다. 그중 하나는 이 연속성이 역사를 바라보는 중국의 전통 관점에 영향을 끼쳤다는 점입니다. 끊이지 않고 줄곧 이어진 문자 체계 때문에, 중국인은 조상이나 옛사람을 지극히 가깝게 여기고 친밀하게 느낍니다. 그래서 중국에서는 역사학이 과거에 발생한 어떤 사건을 연구하는 독립적인 학문이었던 적이 없습니다. 역사와 현실 사이의 명확한 경계가 인식되지 않고 떼려야 뗄 수 없는 연속체처럼 여겨졌죠.

우리는 삶의 현실에서 도움을 얻고자 역사를 공부합니다. 그런 까닭에, 중국에서는 나중에 생겨난 관념과 사고가 끊임없이 역사 서술에 영향을 끼치고 역사적 판단에 스며들었습니다. 한 가지 심각한 문제는 이 전통 속에서 사람들이 늘 현실적인 고려에 따라, 현실이 필요로 하는 방식으로 역사를 다시 써 왔다는 사실입니다. 시간이 흐르면서 서로 다른 현실적 고려가 겹겹이 역사 위에 쌓여 왔지요. 특히 고전에 대한 전통적인 해석들이 그 위로 두텁게 덧쌓였습니다.

따라서 우리는 갖가지 방식을 동원해 덧쌓인 해석들을 한 풀 한 풀 벗겨 내고 비교적 순수한 맨 처음 정보를 보려고 노력해야 합니다. 그런 뒤에야 『시경』을 통해 2천 년 전 또는 2천 5백 년 전 중국 사회의 어떤 모습이나 그 사람들의 심리를 참으로 이해했다고 할 수 있습니다. 또한 주周나라 당시의 정치 구조 안에서 『상서』가 표현하는 봉건 체제를 이해하며, 황제 통치가 확립된 진秦나라와 한漢나라 이후의 가치 관념으로 『상서』를 왜곡하는 일이 없을 것입니다.

'중국 고전을 읽다' 시리즈에서 저는 이 고전들을 '전통' 독법대로 해석하지 않을 생각입니다. 전통적으로 당연시해 온 독법은 특히 면밀한 검증과 토의를 필요로 합니다. 도대체 고전 원문에서 비롯된 해석인지, 아니면 후대의 서로 다른 시기에 서로 다른 현실적 요구에 따랐기에 그때는 '유용' 했으나 고전 자체에서는 멀어진 해석인지 말이지요.

고전을 원래의 태어난 역사 배경에 돌려놓고 그 시대의 보편 관점을 무시하지 않는 것은 이 시리즈의 중요한 전제입니다. '역사적 독법'을 위한 '조작적 정의'*라고도 할 수 있겠습니다.

우리는 '역사적 독법'의 기초 위에서 비로소 '문학적 독

---

* 사물 또는 현상을 객관적이고 경험적으로 기술하기 위한 정의.

법'으로 나가는 다음 단계를 밟을 수 있습니다. 먼저 이 고전들은 오늘날의 우리를 위해 쓰인 것이 아니라, 그것들이 태어난 시대에 우리와 매우 다른 삶을 살았던 옛사람들이 쓴 것입니다. 그러므로 우리는 자기중심적인 태도와 자만심을 버리고, 잠들어 있는 보편된 인성을 일깨우며 다른 삶의 조건 속으로 들어가, 그들이 남긴 모든 것에 가까이 다가서야 합니다.

이 과정에서 우리는 자신의 감성과 지성을 일깨움으로써, 전혀 알 수 없었던 다른 삶의 환경을 이해하고, 내면에 존재했지만 미처 몰랐던 풍요로운 감정을 느끼게 될 것입니다. 저는 후자 쪽이 훨씬 더 중요하다고 봅니다. 우리 삶의 현실이 제공해 줄 수 없는 경험은 이처럼 문자로 남아 있다가 아득히 먼 시공의 역사를 뚫고 나와 우리와 대화하며 새롭고 강렬한 자극을 던져 줍니다.

고전이 태어났던 전혀 다른 시공간의 차이를 인정함으로써, 우리는 어떤 감정과 감동을 느끼고 일종의 기적을 맛보게 될 것입니다. 그 순간 우리는 현실적 고려에 의해 역사를 단편적으로 취하는 태도를 버리고, 역사를 관통하는 인류 보편의 조건과 역사와 보편 사이의 접점을 발견하며, 인간의 본성과 감정에 대한 더 넓고 깊은 인식으로 나아갈 수 있습니다.

4

'중국 고전을 읽다' 시리즈는 중요한 고전을 찾아 그 책의 몇 단락을 추린 다음 꼼꼼하게 읽는 방법을 취하고 있습니다. 이를 기초로 고전 전체의 기본 틀을 드러내고, 책과 그것이 탄생한 시대의 관계를 설명하려 합니다.

오늘날 전해지는 중국 고전의 규모는 참으로 어마어마해서 모든 고전을 처음부터 끝까지 다 읽는 것은 불가능합니다. 그래서 저는 고전 가운데 독자들이 쉽게 공감할 만한 내용을 고르는 한편, 가장 이질적인 정보를 전달할 수 있는 내용을 선택함으로써 독자들이 시공간을 뛰어넘는 신선하고 신기한 경험을 얻을 수 있도록 노력했습니다. 저는 첫 번째 방법으로 다음과 같은 효과를 기대합니다. "오! 저자의 말이 정말 그럴듯한데?" 두 번째 방법으로는 다음과 같은 반응을 바랍니다. "어? 이런 생각을 하는 사람이 다 있네!"

고전을 읽고 해석할 때 생각해야 할 몇 가지 기본 문제가 있습니다. 이 작품은 어느 시대, 어떤 환경에서 태어났을까? 당시의 독자들은 이 작품을 어떻게 읽고 받아들였을까? 왜 이런 내용이 고전이라 불리면서 오랫동안 변함없이 전해졌을까? 이 작품이 지닌 힘은 다른 문헌이나 사건, 사상 등에 어떤 영향을 끼쳤을까? 앞선 고전과 뒤따르는 고전 사이에는 어떤 관계가 있을까?

이 질문들은 어떤 고전 판본을 고를지 결정하는 기준이 되기도 합니다. 첫 번째 원칙은 가장 기원이 되며 본연에 가까운 판본을 고르는 것입니다. 역사와 선례를 중시하고 강조하는 전통 문화 가치에 따라, 하나의 고전에는 수많은 중국의 저작과 저술이 덧붙었습니다. 『사고전서』四庫全書에 수록된 3천 5백여 종의 서적 가운데 『논어』論語를 해석한 저작과 저술은 무려 100여 종이 넘습니다. 이 가운데 중요하거나 흥미로운 내용이 없는 것은 아니지만, 결국 모두 『논어』라는 고전의 부산물일 뿐입니다. 따라서 우리가 가장 먼저 골라 읽어야 할 것은 『논어』를 해석한 그 어떤 책이 아니라 바로 『논어』입니다. 『논어』는 당연히 『논어』를 부연하고 해석한 그 어떤 책보다 기원과 본연에 가깝습니다.

이 원칙에도 예외는 있지요. 중국 삼국 시대의 왕필王弼

이 주석한 『노자』老子와 위진魏晉 시대의 곽상郭象이 주석한 『장자』莊子는 불교의 개념으로 이 책들의 원래 내용을 확장하고 심화했으며, 나아가 위진 시기 이후 중국 '노장老莊 사상'의 기본 인식을 형성했습니다. 형식적으로는 부연이지만 실질적으로는 기원의 영향력을 지니는 셈입니다. 그래서 기본 텍스트로 보고 읽어야 합니다.

두 번째 원칙은 현대 중국어로 읽을 수 있어야 한다는 것입니다. 어떤 책들은 중국 역사를 이야기할 때 반드시 언급해야 할 정도로 중요합니다. 예를 들어 『본초강목』本草綱目은 중국 식물학과 약리학의 기초를 이루는 책으로 무척 중요하지요. 하지만 오늘날의 독자들에게 이 책은 어떻게 읽어 나가야 할지 너무도 막막한 대상입니다.

다른 예를 하나 더 들겠습니다. 중국 문학사에서 운문이 변화하는 과정을 이야기할 때는 언제나 한나라의 부(한부漢賦), 당나라의 시(당시唐詩), 송나라의 사(송사宋詞), 원나라의 곡(원곡元曲) 등을 꼽습니다. 당시나 송사, 원곡이라면 읽을 수 있겠지만, 한부를 어떻게 읽을 수 있을까요? 중국 문자가 확장하고 발전해 온 역사에서, 한부는 매우 중요한 역할을 맡았습니다. 한나라 사람들은 외부 세계와 문자 사이의 서로 다른 대응 관계를 인식하기 시작했고, 수많은 사물과 현상에 상응하는 어휘를 기록하고 전달하는 데 어려움을 겪었지요. 그 때문에 어휘의 범주를 있는 힘껏 넓히고, 갖은 방법으로 복잡한 외부 세계의 눈부신 풍경을 모두 기록해 내려는 충동이 생겨났습니다. 따라서 한부는 일종의 '사전'과 같은 성격을 띱니다. 최대한 복잡하고 다양한 어휘를 사용해 인간이 알고 있는 모든 것을 요란하게 과시하는 장르이지요.

겉으로는 유려한 묘사로 내용을 전달하는 문학 작품처럼 보일지라도, 한부는 사실 새로운 글자를 발명하는 도구에 가까웠습니다. 보기만 해도 신기한 수많은 글자, 남들이 잘 쓰지 않는 기발한 글자를 늘어놓는 것이 한부의 참목적입니다. 글이 묘사하고 서술하는 것이 장원莊園의 풍경이든 도시의 풍경이든, 그것은 허울에 불과합니다. 장원에 대한 한부의 묘사나 서술은 풍경을 전하거나 그로 인해 일어나는 인간의 감정을 표현하는 데 뜻을 두지 않습니다. 한부는 이런 묘사와 서술을 통해 정원이라는 외부 세계에 속하는 모든 대상에 일일이 이름을 붙입니다. 한부 작품에 등장하는 이루 헤아릴 수 없이 많은 명사는 눈앞에 보이는 모든 대상 하나하나에 새롭게 부여한 이름입니다. 한부에 존재하는 수많은 형용사는 서로 다른 색채와 형상, 질감과 소리 등을 분별하기 위해 새로이 발명한 어휘지요. 상대적으로 동사는 그리 많지 않습니다. 한부는 무척 중요하고 소개할 만한 가치가 있으며 새롭게 알 필요가 있는 장르이지만 막상 읽기는 쉽지 않습니다. 읽는다 해도 도무지 재미가 없어요. 한부를 읽기 위해서는 글자 하나하나를 새로이 배우고 그 글자의 뜻을 새삼 되새겨야 하는데, 그럼에도 글을 읽고 나서 얻는 것은 그리 많지 않습니다. 초등학생이나 중학생들의 국어 경시대회와 비교할 수 있겠습니다.

마지막으로 세 번째 원칙이 있는데, 이는 저 개인의 어쩔 수 없는 한계에서 비롯된 것입니다. 저는 저 자신이 읽고 이해할 수 있는 고전을 고를 수밖에 없습니다. 예를 들어 『역경』易經은 지극히 중요한 책이지만, 제가 가려 뽑은 고전 범주에 들지 않습니다. 예로부터 지금까지 『역경』에 대해 그토록 많은 해석이 있었고, 지금도 계속해서 『역경』에 대한 새롭고 현대적인 해석들이 나오고 있지만, 저는 아무래도 그 사상 세계로 들어갈 수가 없습니다. 저는 그와 같이 인간의 길흉화복을 점치는 방식에 설득되지 않으며, 도대체 무엇이 본연의 『역경』이 규정하고 전승하려던 의미였는지 판단할 수 없고, 무엇이 후대에 부연되고 수식된 내용인지 가려낼 수 없기 때문입니다. 역사적 독법의 원칙에 따르자면, 저는 『역경』을 논할 능력이나 자격이 없습니다.

5

'중국 고전을 읽다'에서 저는 다만 책을 읽는 데 그치지 않고 몇 단락씩 꼼꼼히 들여다보려 합니다. 중국 고전은 책마다 분량의 차이가 적잖이 존재하고 난이도의 차이도 크기 때문에, 반드시 이 두 가지를 잘 헤아려 읽을 내용을 결정해야만 합니다.

저는 고전의 원래 순서도 내용의 일부이고, 문단과 문장의 완전함도 내용의 일부라고 생각합니다. 책의 순서에 의미가 없음을 확신할 만한 이유가 있거나 특별하게 대비시키려는 의도가 아니라면, 저는 최대한 고전이 지닌 원래의 순서를 깨뜨리지 않으려고 했으며, 최대한 완전한 문단을 뽑아 읽으며 함부로 재단하지 않았습니다.

강의 내용을 책으로 바꿀 때는 시간과 분량의 제한을 받기 때문에, 꼼꼼한 독해는 아마도 아주 짧은 단락에 그칠 것입니다. 하지만 여러분은 이를 통해 고전 속으로 들어가는 일에 차차 익숙해질 것입니다. 나아가 저는 여러분이 고전을 가깝게 느끼게 되어 책의 다른 부분을 스스로 찾아 읽었으면 하고 바랍니다. '중국 고전을 읽다'는 고전이 지닌 본연의 모습과 방식을 더듬어 여러분이 스스로 고전에 다가가는 기초를 닦도록 도울 것입니다. 이 책은 고전을 읽고 이해하는 데 중요한 첫걸음이 될 것입니다.

순자에게 공정한 평가를 돌려주자

역사적 맥락에서의 고전 이해

역사와 역사학이 의미가 있다면, 그것은 주로 우리가 현대의 삶을 당연시하지 않게 일깨워 주는 것일 겁니다.

간단한 사실을 예로 들어 보죠. 현재 지구상에는 70억명의 인구가 살고 있습니다. 전례 없이 많고 전례 없이 붐비죠. 듣기만 해도 대단히 방대하고 공포스러운 숫자입니다. 그런데 인류의 문명과 역사적 경험에 대입해 보면 이 70억명도 그리 많은 것이 아닙니다. 2천여 년 전 몇 개의 문명이 찬란히 전개되었던 '축심시대'*부터 계산해 보면 일찍이 지

---

* 축심시대(Axial Era/Axial Age)는 독일의 사상가 칼 야스퍼스가 제시한 견해다. 야스퍼스는 기원전 8세기에서 2세기 사이에 세계의 많은 지역에서 혁명적인 중요한 사조가 탄생했다고 보았다. 중국의 공자(BC551~BC479)와 그의 유가 학설, 인도의 석가

구상에 살았던 총인구는 70억 명의 일곱 배에서 열 배에 달합니다.

죽은 사람이 살아 있는 사람보다 훨씬 더 많습니다. 그들은 죽었지만, 자신들이 어떻게 살았고 어떻게 외부 세계를 보았으며 또 어떻게 다른 사람과 관계를 맺었는지 등에 관한 갖가지 흔적을 남겼습니다. 오늘날의 70억 명은 단일한 삶을 사는 것이 불가능하며 다원적인 차이를 갖습니다. 과거에 살았던 5~6백억 명은 당연히 더 다원적인 삶의 경험과 더 복잡한 차이를 가졌습니다. 역사는 그런 다원성과 차이의 일부를 보존해 인간이 얼마나 특수한 동물이며, 개인부터 사회에 이르기까지 무한대에 가까운 가능성이 있는지 우리에게 보여 줍니다.

그런 역사적 자료 앞에서, 특히 옛날 사람들의 지혜를 기록한 고전 앞에서 우리는 되도록 '고위금용'古爲今用, 즉 지금의 목적을 위해 옛것을 사용하는 식의 태도를 지양해야 합니다. 마치 그들이 우리 시대, 우리 상황에 맞춰 쓴 것인 양 그 문헌을 읽어서는 안 된다는 겁니다. '고위금용'은 고전의 현실적 의의를 강조하는 독법으로, 제가 보기에 이것은 일부로써 전체를 왜곡하는 동시에 기나긴 세월 동안 어렵사리 보존되어 온 중요한 정보를 말살해 버리는 극단적 태도입니다.

모니(생몰년 미상. BC 6세기에서 5세기 사이)와 불교 이론, 유럽의 아리스토텔레스(BC384~BC322)와 그의 철학 사상이 그 예다. (지은이)

우리는 자신을 너무 과대평가해서도 안 되고 자기만 옳다고 생각해서도 안 됩니다. 우리 삶의 방식은 인류의 풍부하고 다양한 경험 가운데 하나에 불과하며 인류의 가능성 안에서 대단히 작은 영역을 차지할 뿐입니다. 그저 현실적 시각에 만 머무르고 만족한다면, 우리는 본래 우리 내면에 존재하고 우리가 계승할 수 있는 문명적 경험 속에도 존재하는 수많은 다른 가능성을 놓치고 말 겁니다.

옛날 사람이 한 말을 우리의 말처럼 고치는 것은, 다시 말해 옛날 사람이 우리 옆에서 함께 지하철을 타고 텔레비전을 보고 회의를 하는 사람처럼 우리에게 익숙하고 받아들이기 쉬운 단어와 관념으로 말하게 하는 것은 공정하지도, 현명하지도 못한 방법입니다. 그래서 우리는 가능한 한(물론 불가능한 경우도 있지만) 고전을 역사 속에 되돌려 놓고 고전의 저자가 어떤 시대, 어떤 환경에서 어떤 문제에 부딪히고 어떤 답을 찾으려 노력했는지 이해해야 합니다. 그리고 그의 생각과 말이 어떤 형식으로 기록되었고, 시공간의 변화 속에서 어떤 변화를 거쳐 비로소 우리 눈앞에 나타났는지도 염두에 두어야 합니다.

고전을 역사 속에 되돌려 놓으면, 고전과 고전 사이의 시대적 연관성이 드러나면서 그것들이 각자 독립적으로 존재하는 것이 아님을 알게 됩니다. 다시 말해 시간과 역사 개념을 갖고 고전을 읽으면, 고전과 고전 사이에 상호 텍스트적 관계가 형성되어 이 책을 읽으면 저 책을 이해하는 데에 도움이 되거나 저 책을 또 다른 시각으로 보게 됩니다.

예를 들어 우리가 『전국책』戰國策을 읽어 '종횡가'縱橫家의 스타일과 행동에 대한 명확한 인상을 얻고, 또 그들이 어떻게 '웅변'에 의지해 각국을 드나들며 외교와 내정을 좌지우지했는지 알게 되었다고 해 봅시다. 그러면 『맹자』나 『장자』를 읽을 때 문득 어떤 사실을 환히 깨닫게 됩니다. 비록 맹자와 장자는 각기 유가와 도가에 속하고 견해와 주장도 전혀 다르지만, 두 사람이 견해와 주장을 표현하는 방식은 공히 웅변의 형식이라는 것을 말입니다. 표현 방식에 있어서 맹자, 장자와 소진蘇秦, 장의張儀는 고도의 유사성이 있습니다.

한 가지 더 예를 든다면 『예기』禮記를 읽고 주나라 시대의 '예'에 대해 비교적 깊이 이해하게 됐을 때, 우리는 예의 관점으로 『맹자』의 성선론性善論에 관한 주장 그리고 성선론과 주나라 '왕관학'王官學*의 밀접한 관계를 고찰할 수 있습니다. 한 걸음 더 나아가 『순자』의 성악론性惡論까지 접하게 되면, 성선론과 성악론이 단지 맹자와 순자의 인성론 차원에서의 주관적 개념 차이였을 뿐만 아니라 그 배후에 왕관학의

---

* 군자의 도리와 치국 방법의 전수에 중점을 둔 고대의 귀족 교육 체계.

전통에 대한 대대적인 자기비판이 자리하며, 점차 '법'이 '예'를 대체해 사회조직의 핵심적인 결합 수단이 되었음을 알게 됩니다.

예를 핵심으로 하는 공자와 맹자의 철학

일반적인 담론에서 중국 문화는 언제나 유가와 동일시됩니다. 중국 문화를 칭찬하든 비판하든 너무나 자연스럽게 유가의 주장과 신념이 그것을 대표하는 것처럼 이야기하지요. 더 나아가 유가는 종종 공자나 맹자와 등가로 다뤄집니다. 유가는 무엇을 믿고 무엇을 주장했느냐는 물음에 일반적으로 당연하다는 듯 공자와 맹자의 견해를 믿고 주장했다는 답이 나옵니다.

이런 상식인 양 통하는 지식은 역사적으로 부정확할 뿐만 아니라 수많은 오해를 담고 있습니다. 으레 그러려니 여기는 유가의 갖가지 견해를 진지하게 고찰해 보면, 사실『순자』에서 비롯된 부분이『맹자』에서 비롯된 부분보다 더 많을 겁니다. 맹자는 공자와 나란히 병칭될 정도로 유명하지만, 순자의 이름은 흔히 그 배경으로 묻히곤 하지요. 그러나 사상적 내용과 표현 형식의 관점에서 살펴보면 후대에 수립된 유가 전통에 끼친 영향력은 아마 맹자보다 순자가 더 클 겁니다.

『순자』를 읽으려면 『맹자』를 언급하지 않을 수 없습니다. 순자는 맹자보다 시대적으로 늦은 데다 자신과 맹자의 차이를 의식적으로 부각시켰습니다. 같은 유가인데도 두 사람이 계승하고 발전시킨 이념의 방향은 사뭇 달랐습니다.

공자는 기원전 551년에 태어나 기원전 479년에 죽었습니다. 주로 춘추시대 후기에 활동했지요. 그는 서주西周 봉건제도의 왕관학 전통을 이어받아 특히 예의 중요성을 강조하고 예와 법을 서로 관련되면서도 대립적인 두 가지 힘으로 간주했습니다. 예를 들어 『논어』「위정」爲政에서는 "법으로 인도하고 형벌로 다스리면 백성은 처벌을 면해도 수치심이 없고, 덕으로 인도하고 예로 다스리면 백성은 수치심도 있고 감화도 받는다"道之以政, 齊之以刑, 民免而無恥; 道之以德, 齊之以禮, 有恥且格라고 했습니다. 법과 형벌을 사용하면 사람들은 두려움 때문에 죄를 지으려 하지 않지만 마음속에는 수치심이 없고 자발적인 극기克己의 행동도 하지 않습니다. 그런데 예로써 규제하면 진심으로 정당한 행위 법칙을 준수합니다. 확실히 예는 법보다 근본적이고 더 중요합니다.

법은 외적인 위협이자 강제 수단이며, 일종의 기율이자

규정으로서 배후에 사람들이 무서워하는 징벌이 숨겨져 있습니다. 공자는 이런 수단의 정당성과 필요성을 부정하지는 않았지만, 어쨌든 이것은 부차적인 수단이며 그 위에는 예가 있다고 생각했습니다. 공자의 견해에 따르면 예는 안에서 밖으로 향하며 마음속의 진실한 감정으로부터 표현되는, 사람과 사람이 서로를 적절히 대하는 행위입니다. 예의 특수한 점은 안과 밖의 융합에 있습니다. 내적 감정과 외적 행위가 상호작용하며 서로를 강화하고 증명합니다.

어느 학교에서 "예의를 갖춰야 한다"는 규정하에 학생들에게 교사와 교장을 보면 큰 소리로 인사하게 하고 이를 어길 시에는 반성문을 쓰고 벌로 운동장을 돌게 한다고 해 봅시다. 그러면 학생들은 내키지 않아 속으로 욕을 하면서도 어쩔 수 없이 마음과는 다르게 교사와 교장에게 큰 소리로 인사할 겁니다. 공자의 개념에 따르면 이런 상황은 결코 예에 맞지 않으며 예의 실천이 아닙니다.

예는 외적인 것이지만 예의 작용은 누가 외적인 행동을 할 때 그 행동의 내적 원리를 인지하고 이해하게끔 만드는 데에 있습니다. 윗사람을 존중하는 그의 내적인 천성을 일깨워서, 그가 예의 배후에 있는 정신을 이해하고 더는 벌이 무서워서가 아니라, 또 무의식적 습관 때문이 아니라 진실로 윗사람을 존중하는 마음에서 자연스럽게 교사와 교장에게 인사를 하게 합니다. 이것이야말로 예입니다.

예가 몇 가지 고정된 행위 규범으로서 반복된 훈련을 통해 사람들에게 이식되고 사람들의 행위를 통제한다는 오해를 불식시키기 위해 맹자는 사람의 본성은 본래 선하다는 '성선'의 논리를 제시했습니다. 사람의 본성은 왜 선할까요? 사람은 애초에 인간관계에 옳게 대응하고 남과 적절히 상호작용할 수 있는 직관을 갖고 태어나기 때문입니다. 예는 그 직관을 체계화한 결과에 지나지 않지요. 이처럼 '예의 근본'은 우리 마음속에 있고, 우리의 진실한 감정에 그 뿌리가 있습니다. 그래서 예는 결코 외부에서 우리에게 강요되는 것이 아니며 일련의 훈련도 반사작용도 아닙니다. 예는 우리에게 공통된 감정을 환기시키고 그 감정에 질서를 찾아 부여하는 방식입니다.

'예'와 '예의 근본'을 강조하고 예가 사람의 내적 감정에 뿌리를 두고 있다고 주장하려면 확실히 성선의 가설을 세우지 않을 수 없습니다. 예와 질서가 사람의 본성과 본능에서 비롯된다고 말이지요. 이것이 맹자의 학설과 공자의 사상이 가장 긴밀하게 연관되는 지점입니다.

하지만 순자는 맹자의 학설에 반대했습니다. 특히 성선

론에 반대해 정반대로 성악론을 제기했습니다. 따라서 우리는 예에 대한 순자의 관점 그리고 예가 그의 학설과 주장에서 차지하는 위치와 함께 그것이 공자나 맹자와는 판이하게 달랐음을 짐작할 수 있습니다.

공자 해석의 분화

유가는 춘추전국시대의 제자백가 가운데 특수하면서도 애매한 위치를 차지했습니다. 어떤 시각에서 보면 유가는 서주 왕관학의 계승자였습니다. 기초적인 신념, 숭배하는 경전, 받들어 실천하는 규약까지 모두 왕관학에서 비롯되었습니다. 그런데 다른 시각으로 보면 공자는 왕관학의 교육 내용을 본래의 귀족적 신분 체계에서 떼어 내 "가르침에 차별을 두지 않는" 보편 교육으로 개조함으로써 귀족적 성격을 제거했습니다. 이어서 또 다른 시각으로 보면 급변하는 동주東周의 상황에서 기존의 왕관학이 봉건제도의 붕괴에 따라 본래의 권위적 지위를 빠르게 상실했기 때문에, 과거의 가치와 질서를 보존하자고 주장했던 유가는 새롭게 출현한 많은 학설과 치열하게 경쟁하며 추종자를 확보해야 했습니다.

개인적인 능력과 매력 그리고 방대한 제자의 숫자에 힘

입어 기원전 5세기 이후 공자는 봉건귀족의 왕관학에 대한 해석의 권한을 장악했습니다. 그래서 본래 봉건귀족의 전유물이었던 왕관학은 유가 사상으로 탈바꿈했습니다. 그 탈바꿈의 과정에서 일부는 홀시되고 일부는 강조되었습니다. 예가 바로 특별히 강조된 부분이었는데, 특히 예가 예인 까닭, 즉 그 내적 정신에 대한 탐구를 공자는 유난히 중시했습니다.

바로 예가 공자 사상의 핵심 부분이었기 때문에 공자 사후에 예에 대한 제자들의 해석과 견해가 특히 엇갈렸고, 나아가 그 사상적 엇갈림이 서로 다른 문파로까지 발전했습니다. 예를 들어 『한비자』「현학」顯學 편에서는 "공자 이후 유가는 자장씨子張氏, 자사씨子思氏, 안씨顔氏, 맹씨孟氏, 칠조씨漆雕氏, 중량씨仲良氏, 공손씨公孫氏, 낙정씨樂正氏 여덟 문파로 나뉘었다"孔子之後, 儒分爲八, 有子張氏, 子思氏, 顔氏, 孟氏, 漆雕氏, 仲良氏, 公孫氏, 樂正氏之儒라고 했습니다.

후대 사람들이 '공맹'이라 병칭하기는 했지만 공자와 맹자는 동시대인이 아니었습니다. 두 사람의 시대는 2백 년 가까이 차이가 납니다. 맹자는 공자가 죽은 지 백 년이 훌쩍 넘은 기원전 372년에 태어났으니까요. 맹자가 활약한 시대에 유가는 진작에 여러 문파로 갈라져 있었고, 맹자는 앞에서 열거된 '자사씨' 문파에 속했습니다. 자사는 공자의 손자로 증자曾子에게 배웠으므로, 공자, 증자, 자사, 맹자 순서로 계보가 이어진 것이지요.

증자와 자사 문파는 유난히 인간의 내면을, 특히 정신 수양에서의 성심誠心과 진의眞意를 강조했습니다. 이 사상의 맥락을 이어받아 맹자는 한층 더 예와 법의 구분에 신경을 썼습니다. 예와 법은 동등한 행위 규범의 방식이 아니어서 같은 층위에 놓고 논의할 수 없다고 보았지요. 예를 근본으로 보고, 법은 부차적이고 파생적인 것으로서 예를 실현하는 일종의 수단, 심지어 가능한 한 적게 써야 하는 부득이한 수단으로 간주했습니다.

맹자는 모든 사람이 서로 유사한 성性을 갖고 태어나는데, 이것으로 인해 나면서부터 공통으로 좋아하는 것이 있게 된다고 주장합니다. 예를 들어 다들 맛있는 음식을 좋아하고, 편하고 즐거운 것을 좋아하고, 사람들 사이의 질서를 좋아하지요. 또한 좋은 물건을 보면 누구나 좋다고 여기고, 위험한 상황을 보면 누구나 위험하다고 여기며, 옳은 행동을 보면 누구나 옳다고 여깁니다. 이런 직관적인 판단력이 우리가 타고나는 성 안의 선善인 동시에 사람들이 모여 '선한' 사회를 세울 수 있는 기초입니다.

예는 특별히 똑똑하거나 도덕적인 사람의 발명품이 아니라 누구나 갖고 있는 선의 반영일 뿐입니다. 혹은 누구나 갖고 있는 옳고 그름에 대한 판단력이 축적되어 생긴 결과물입니다. 상례와 장례는 어떻게 생겨난 걸까요? 맹자의 설명에 따르면 상례와 장례는 어떤 성인이 발명해 모두가 따르고 실천하도록 넘겨준 것이 아닙니다. 언젠가 한 평범한 사람이 부모가 죽어서 그 시체를 도랑에 버렸는데, 며칠 뒤 그곳을 지나가다 보니 여우가 그 시체를 뜯어 먹고 파리떼도 새까맣게 달라붙어 있었습니다. 그 사람은 돌연 이마에 땀이 송골송골 맺히고 차마 똑바로 쳐다볼 수가 없어 곁눈질을 해야만 했습니다. 그의 이마에 땀이 난 것은 다른 사람이 보고 있어서가 아니었습니다. 마음속의 자연스러운 감정이 얼굴에 직접 드러난 것이었습니다. 그는 곧장 집으로 돌아가 괭이 같은 도구를 들고 와서 부모의 시체를 묻었습니다. 그러고 나서야 마음이 편안해졌습니다. 이것은 가족을 매장하는 것이 본래 옳은 일임을 보여 주며, 이런 까닭에 장례와 상례가 생긴 겁니다.

예는 천성과 본능에서 비롯되었으며, 나아가 사람이 예를 지키면 천성과 본능의 선을 강화하고 심화할 수 있습니다. 그래서 맹자의 관점에서 볼 때 사람은 옳은 방식으로 살아가는 것이 조금도 어렵지 않습니다. 자신의 도덕적 직관을 믿고 따르면서 그 직관을 가로막는 갖가지 방해물을 제거하고 본성으로 돌아가기만 하면 됩니다.

'본성이 선하기 때문에'性善 본성으로 돌아가기만 하면 옳은 사람이 되어 옳은 삶을 살아갈 수 있습니다. 물론 때때로 우리는 길을 잃거나 본성으로 돌아갈 힘이 모자라기도 합니다. 맹자는 그럴 때는 우리와 똑같은 본성을 지닌 다른 사람의 덕행을 살피고 이해하거나, 그 본성에 따라 정해진 예를 준수함으로써 도움을 얻을 수 있다고 조언합니다. 예의 작용이 이렇기 때문에 우리는 예 자체가 아니라 우리의 마음속 본성에 대한 예의 깨우침에 주목해야 합니다.

하지만 법의 작용은 제한적입니다. 법은 본성으로 돌아가지 못해 내면의 선량한 판단을 따르지 못하는 소수에게 외부에서 징벌을 강제함으로써 그들이 다른 사람과 자신을 해치지 못하게 규제합니다. 법은 당연히 부차적입니다. 절대다수의 사람들은 단지 예만 필요하고 법과는 무관하기 때문입니다. 맹자는 고대 봉건귀족이 형벌 대상에서 제외되었던 것에 대해서도, 지위가 높고 자존감이 있는 사람은 예에 의지해 자발적으로 선행을 행할 수 있으므로 법의 강제적인 규율이 불필요했다고 설명합니다.

'성선'을 전제로 삼아 맹자는 예와 법의 관계를 정리하고 완벽한 정치철학 체계를 수립했습니다. 그리고 이를 통해 백성을 보호하고 적절한 조건을 제공하여 그들이 본심으로 자주적인 사회질서를 형성하게 하는 것이 가장 훌륭한 통치 행위라고 군주들을 가르치고 유인하고 독촉했습니다. "백성이 농사짓는 철을 빼앗지 않고"不奪民時 "백성을 보호하며 왕 노릇을 하는 것"保民而王이 맹자가 군주에게 강조한 기본적인 정치 수칙이었습니다.

대세에 따른 시대 변화

맹자의 시대는 장자의 시대와 대단히 가까웠습니다. 기원전 4세기 말부터 3세기 초에 해당하는 그 시대에는 수많은 유세객의 온갖 의견이 쏟아져 나왔지요. 기준이 될 만한 답도 없고 고정된 상하관계의 틀도 없어서 모두가 의견을 발표할 수 있었고, 또 모두가 미망 속에서 분주히 답을 찾아 헤맸습니다.

그런데 의견이 빠르게 늘어난 것에 비해 의견을 받아들일 대상은 상대적으로 그렇게 빠르게 늘어나지 않았습니다. 그 의견들이 겨냥한 대상은 역시 권력을 가진 이들이었습니다. 권력을 가진 사람만이 사회를 바꿀 수 있다는 것이 당시의 보편적인 관념이었지요. 그래서 다양한 의견 사이에 갈수록 치열한 경쟁이 벌어졌습니다.

춘추시대부터 전국시대까지 나라와 나라 사이에 점점 더 긴장이 고조되어 겸병과 망국 사건이 점점 더 빈번해졌습니다. 그만큼 한 나라의 군주 노릇도 점점 더 어려워지고 스트레스도 커졌겠지요. 한 가지만 결정을 잘못해도 수많은 성을 잃을 수 있었고, 심지어 군주 자리마저 빼앗길 수 있었으니까요. 더구나 해야 할 결정은 갈수록 늘어나고 결정을 내리기 위해 숙고할 시간은 갈수록 줄어들었습니다.

소국은 소국 나름대로 고통이 있었습니다. 대국 사이에서 부족한 무력으로 자신을 보호해야 했고, 실수로 대국의 심기를 건드리기라도 하면 당장 적군이 성 밑으로 들이닥쳐 망국의 위험에 빠졌습니다. 한편 대국도 대국 나름대로 괴로움이 있었습니다. 대국끼리 늘 호시탐탐 기회를 엿보며 서로 견제를 늦추지 못했고, 또 나라 안에서는 어느 대부가 강대해져 군주를 위협하고 심지어 자리를 찬탈할지 몰랐습니다. 그런 시대의 군주 노릇은 실로 달가운 일이 아니었습니다. 안팎으로 숱한 시험에 시달려야 했으니까요. 봉건 종법 제도의 규정에 의해 어쩔 수 없이 세자가 됐더라도 이미 무너겨 버린 그 제도는 세자 자리를 노리는 자들의 모함과 암살 위협을 막아 주지 못했습니다. 마찬가지로 어쩔 수 없이 군주가 됐어도 같은 가문의 대부가 뒤에서 무슨 음해를 꾸미는지, 또 이웃 나라가 어떻게 자신에게 불리한 조치를 취할지 알 길이 없었습니다.

군주는 도움이 절실했습니다. 그들은 어떤 의견과 주장도 그냥 넘겨 버릴 수 있는 여유가 없었습니다. 나라를 다스릴 때 가장 중요한 항목이 새로 등장한 효과적인 방법을 놓치지 않는 한편, 좋은 의견과 주장을 제공해 줄지도 모르는 인재를 늘 적극적으로 찾아내는 것이었지요. 당시 유세객은 누구에게 자신의 의견을 들려주었을까요? 안팎으로 스트레스를 받던 군주들이었습니다. 아무리 귀에 거슬리고 황당한 의견이라도 그 시대의 군주들은 참고 듣는 법을 익혀야 했습니다. 만약 듣지 않거나 두루 경청하지 않는다는 소문이 퍼지면 좋은 의견과 주장을 제공해 줄지도 모르는 인재가 찾아오지 않을 것이고, 그렇게 되면 더 불안하고 위기감이 들 것이기 때문이었습니다.

누구든 각국의 군주 앞에서 의견을 제시할 기회를 갖고 자신의 주장이 얼마나 유리하고 이치에 맞는지, 또 다른 사람의 의견에 비해 얼마나 뛰어난지 과시할 수 있었습니다.

그래서 군주가 수많은 의견 중에서 자신의 것을 택하고 시행하게 하여 높은 자리와 강한 권력을 손에 넣을 수 있었습니다.

이런 까닭에 '웅변'의 풍조가 생겨났습니다. 웅변은 그 시대를 대표하는 표식이자 상징이었지요.

하지만 맹자와 장자가 활약하던 시대에는 웅변의 풍조에 중대한 변화가 생겼습니다. 순자는 맹자와 장자보다 60년 늦은 시점인 기원전 313년에 태어나 전국시대 말기인 기원전 238년에 죽었습니다. 그로부터 10여 년 뒤에 진시황이 통일을 완성하고 새로운 제국을 세웠지요.

그 60년의 차이는 대단히 의미심장합니다. 순자가 유명해졌을 때 웅변의 풍조는 이미 막바지에 다다랐고, 유세객의 활동도 크게 위축되었습니다. 그런 변화가 생긴 이유는 그 수십 년 동안 국가 간의 전쟁에서 강한 나라와 약한 나라의 구분이 갈수록 뚜렷해졌기 때문입니다.

각국의 경쟁 속에서 누구에게나 기회가 주어지고 또 누구의 의견도 확신을 주지 못했기에 유세객은 그토록 왕성하게 활동할 수 있었습니다. 그런데 춘추시대부터 전국시대까지 수십 개 나라가 사라지고 겨우 '전국칠웅'戰國七雄과 몇 개의 소국만 남았습니다. 맹자의 시대에 와서는 그 '칠웅' 사이에서도 점점 격차가 생겼습니다. 한韓·조趙·위魏·연燕 네 나라는 제齊·초楚보다 일정 정도 세력이 뒤졌고, 또 이 여섯 나라는 모두 서쪽에서 빠르게 커 나가던 진秦나라를 따라잡기가 점점 더 힘들어졌습니다.

순자의 시대가 됐을 때 이미 칠웅은 나란히 경쟁하는 것이 불가능해졌습니다. 진나라가 열국列國 가운데 가장 강대하고 무시무시한 위치를 점유했지요. 또한 이에 상응해 진나라의 부상에 관한 한 견해가 점점 더 설득력을 얻었습니다. 진나라가 강대해질 수 있었던 가장 핵심적인 원인은 진효공秦孝公이 상앙商鞅을 등용해 '변법'變法을 시행했기 때문이라는 것이었습니다. 그런데 상앙의 변법의 핵심적인 의의는 어떤 구체적인 법을 제정한 데에 있지 않았습니다. 그보다는 법의 지위를 봉건 종법의 규범을 능가하는 위치까지 끌어올린 데에 있었습니다. 다시 말해 "왕자가 법을 어겨도 서민과 똑같이 죄를 지은 것"王子犯法與庶民同罪이라는 말이 그 정신을 대표합니다.

진나라는 변법에 힘입어 중원의 대국들이 안중에도 두지 않았던 서쪽 변두리의 소국에서 그 대국들을 위협하는 강대국으로 발전했습니다. 그렇다면 전국시대의 그 형세에서 치국治國의 가장 훌륭한 답이 이미 검증된 셈이 아니겠습니까? 유세객의 활동이 수그러든 것은 의견을 제시하고 의견을 필요로 하는 공간이 급속히 줄어들었기 때문입니다. 진나라의 엄청난 성공이 이미 눈앞에 펼쳐졌는데 다른 어떤 의견과 주장이 법과 법가와 나란히 경쟁할 수 있었겠습니까?

웅변의 유행과 확장은 이 시점에 이르러 법가에 의해 주도되었습니다. 양혜왕梁惠王은 군주가 되어 맹자를 만났을 때, 맹자의 의견을 비롯해 수십 가지가 넘는 다른 의견을 듣고 그중에서 가장 양나라에 어울리는 방침을 찾아내야 했습니다. 하지만 진나라 소양왕昭襄王은 왕위에 올랐을 때 그렇게 많은 주장을 살필 필요가 없었습니다. 다른 나라를 능가하기 위해 필요한 나라를 다스리는 기본 방향과 그에 대한 모두의 공통된 인식이 벌써 정해져 있었기 때문입니다.

그 공통된 인식이란 부국강병을 도모하려면 반드시 백성을 잘 통제해야 하고, 백성을 잘 통제하려면 우선 그들을 최대한 토지에 귀속시켜 마음대로 이주하지 못하게 해야 한다는 것이었습니다. 그들은 평화로운 시기에는 믿을 만한 생산의 원천이었고, 전쟁이 터지면 또 믿을 만한 병력의 원천이었습니다. 그들이 계속 그렇게 믿음직스러우려면 당연히 옮겨 다니거나 변동이 생겨서는 절대 안 되었습니다. 오늘은 우리 나라에 있다가 내일은 이웃의 적국으로 옮겨 가는 일이 생기지 않도록 단속해야만 했습니다.

또한 전쟁에서 이기려면 엄격한 군사 조직과 규율을 갖춰야 했고, 규율의 기초는 차이가 없는 획일화로 모두가 똑같이 명령에 따라 행동하도록 하는 것이었습니다.

백가쟁명의 시대에 군주는 치국과 구국의 비방을 전해줄지도 모르는 유세객 앞에서 겸허한 태도를 취했습니다. 누구의 주장이 정말로 유용하고 또 가장 유용한지 모르니 감히 누구한테도 함부로 할 수 없었던 것입니다. 그러나 순자가 자신의 학설을 마련한 시대에는 그런 상황이 더 이상 벌어지지 않았습니다. 부국강병을 추구하는 국정의 기본 방침이 군주의 마음속에 이미 자리 잡아 더는 초조해하지 않았습니다. 그들은 많은 의견을 듣고 싶은 생각이 없었습니다. 그들에게 필요한 것은 주된 방향과 관련된 자세한 계획과 조정뿐이었습니다.

이와 함께 왕권이 갈수록 강화되었습니다. 군주는 유세객뿐만 아니라 모든 사람과 권력의 격차가 급속히 벌어졌습니다. 사실 그것도 부국강병의 방안 중 하나였습니다. 군주의 권력이 크고 집중될수록 효과적으로 생산과 전투에 백성을 동원하고 이를 수행할 수 있었으며, 국력을 끌어올려 이웃 나라를 격파하고 나아가 병합할 수 있었습니다. 이로써 알 수 있는 현실적인 교훈은 권력이 분산되면 조직이 느슨해지고, 조직이 느슨한 나라는 생산이든 전쟁이든 조직이 엄밀한 나라에 대적할 수 없다는 것이었습니다.

왕권의 강화로 소진과 장의 또는 맹자처럼 군주 앞에서 당당하게 발언하고 웅변의 기교로 군주를 놀라게 하거나 심지어 화나게 해서 깊은 인상을 남기는 것이 불가능해졌습니다. 그래서 일대일의 직접적이고 구어적인 웅변풍의 표현 방식이 힘을 잃고 간접적인 문장 표현과 문맥, 논리, 수사를 중시하는 풍토가 자리 잡았습니다. 문답식 대화도 더 이상 유행하지 않았고, 신중하고 조심스러운 논리적 설명이 그 자리를 대신했습니다.

예와 법의 관계에 대한 새로운 사유

순자가 살았던 시대는 맹자의 시대와 많이 달랐습니다. 통일 전야이자, 통일의 사상과 문화의 분위기가 팽배하기 시작한 시대였습니다.

순자의 핵심 사상도 공자나 맹자와 많이 달랐습니다. 그는 예가 인위적인 것이지 자연적인 공통의 천성에서 나온 것이 아니라고 주장했습니다. 맹자는 성인의 지혜가 사람마다 내면에 갖고 있는 예의 정신적 질서를 정리하고 통합해 외부에 제도화하는 데에 있다고 주장했지요. 그런데 순자는 보통 사람이 넘어설 수 없는 성인의 차별점은 초월적 지혜로 예를 창조해 내는 데에 있다고 생각했습니다. 성인은 보통 사람이 볼 수 없는 것을 보고 생각하지 못하는 것을 생각해 내는데, 특히나 어떻게 해야 모든 사람이 질서 있게 사회생활을 영위할 수 있는지를 생각해 낸다고 보았습니다.

순자에 따르면 성인이 창조한 예는 보통 사람의 천성에서 비롯되지 않았을뿐더러 거꾸로 보통 사람의 천성을 다스리고 바로잡기 위해 고안되었습니다. 예가 보통 사람의 천성에 위배되는 까닭은 예의 구속과 훈련을 받지 않은 상황에서 보통 사람의 천성은 '악하기' 때문입니다. 오로지 그 '악한 천성'을 제한해야만 비로소 훌륭하고 질서 있는 예의 환경을 구축할 수 있습니다. 예는 성인이 만들어 내는 것이며, 보통 사람은 배움을 통해 예의 바르게 변하여 성인에 가까워지고 사회 구성원으로서의 자격을 갖춥니다.

순자는 맹자와 달랐을뿐더러 학설과 이론의 근본적인 차이로 인해 맹자와 조화를 이루는 것도 불가능했습니다. 맹자의 사상에서 예와 법은 각기 다른 층위에 속하는 범주입니다. 예는 인성의 근본 이치에서 비롯되지만 법은 부득이하게 마련되고 선택되는 보조 수단입니다. 이와 상대적으로 순자의 사상에서 예와 법은 그런 근본적인 차이가 없습니다. 예는 법과 마찬가지로 인위적으로 고안된 외적 질서로서 사람의 내적 본성과는 무관합니다. 예는 가르치고 배워야 하는 것이며, 법은 강제되고 벌을 피하기 위해 따라야 하는 것입니다. 바꿔 말해 예와 법은 본질에 따라 구분되는 것이 아니라 정도에 따라 구분됩니다. 예는 작용 범위가 더 넓고 상대적으로 강제성이 그리 크지 않은 데 비해 법은 범위가 좁고 상대적으로 강제성이 큽니다.

만약 사람이 "교육을 받으면" 예를 익히고 준수해 자격에 맞는 공민公民이 됩니다. 하지만 "교육을 받지 않아도" 법의 강제적인 규제를 받으면 역시 정해진 행위의 틀을 벗어나지 않게 됩니다. 예는 법과 연속적인 것으로, 가장 엄격한 예는 법의 영역으로 들어갔고 가장 느슨한 법도 예의 범위와 중첩되었습니다. 양자 사이에 명확한 경계선이 존재하지 않았지요.

배움의 과정에서 규칙을 내면화해 더는 규칙의 조항을 의식하지 않는 것이 바로 예입니다. 그리고 철저히 내면화하지 못했을 때 준수해야 한다는 의무감을 느끼게 하고, 또 준수하지 못했을 때 징벌에 관한 유무형의 압박을 주는 것이 바로 법입니다. 다시 말해 어떤 사람에게는 예의 행위인 것이 다른 사람에게는 법에 따른 행위일 수 있습니다. 사람마다 다르고 배움의 성과에 따라 달라서 양자 사이에는 역시 명확한 경계선이 없습니다.

예와 법은 모두 외적인 것입니다. 단지 예의 외적 작용은 상대적으로 깊고 사람의 내면까지 도달하며, 법의 외적 작용은 상대적으로 얕고 공포와 위협의 성격을 띱니다.

시대 변화의 요인도 있었고 개성과 신념의 영향도 받은 맹자의 사상은 고도의 이상주의적 색채를 띱니다. 그리고 예가 본성에서 비롯되었고 모든 사람에게 예를 구성하는 기본적인 '선성'善性이 갖춰져 있다고 믿음으로써 맹자의 사상은 인간에 대한 높은 신뢰를 드러내기도 합니다. 누구든 자신에게 내재된 선성을 발굴해 예의 요구에 부응하기만 하면 자신의 인격적 지위를 높일 수 있다고 주장합니다. 맹자는 개별적 자아의 각성과 의지를 중시했고, 상대적으로 외부의 강압적인 힘을 그리 선호하지 않았습니다. 외부의 힘은 사람들이 더 효과적으로 내면의 선성을 찾을 수 있도록 협조하는 역할에 그칠 뿐이라고 생각했습니다. 가장 간단하면서도 가장 이상적으로 말한다면, 맹자는 우리를 이렇게 이해시키려 할 겁니다. "본래의 진실한 자아가 되기만 하면 당신은 동시에 훌

류한 사람이, 도덕적 인격적으로 고상한 사람이 될 수 있습니다."

유학 2천 년의 진정한 주류

맹자와 순자의 차이를 통해 맹자 사상의 요지를 복원해 보면 우리는 인간 내면의 자주적인 각성 능력을 강조한 맹자의 견해가 중국 전통에서 진정으로 주류였던 적이 없음을 확실히 알 수 있습니다. 송나라와 명나라 때 이학理學에서 정이程頤, 주희朱熹와 육구연陸九淵, 왕양명王陽明이 벌인 논쟁을 보면 정주程朱가 강조한 것은 격물치지格物致知*와 학學이었고, 육왕陸王이 강조한 것은 명심견성明心見性**이었습니다. 선택한 방법을 보면 정주는 순자에 가깝고 육왕은 맹자에 가까웠는데, 양쪽 진영의 실랑이에서 세력이 더 컸던 쪽은 당연히 정주였습니다. 더욱이 정주는 육왕을 이단에 치우쳤다고 공격했습니다. 공자와 맹자의 정통이 아니라 불교, 특히 선종의 영향을 받았다고 지적했지요.

사실 이학 운동은 불교의 자극을 받아 출현했습니다. 정주 일파도 성性과 리理와 기氣를 주장하면서 선종에서 많은 깨달음을 얻었지요. 정주가 육왕을 비판한 것은 유가와 불

---

* 사물의 이치를 연구해 자신의 지식을 확고하게 만드는 것.
** 마음을 밝혀 타고난 천성을 인식하는 것.

교의 차이를 보여 준 것이라기보다는 오랜 세월 맹자를 이해하지 않고 또 맹자의 이론을 수용하지 않았던 태도를 반영한 것이라고 봐야 합니다.

정치적인 면에서 보면 맹자는 더욱 주변적이었습니다. 역대 어느 황제든 진정으로 맹자의 학설을 믿고 맹자의 정치 이론을 실천한 흔적을 거의 찾아볼 수 없습니다. 비록 말과 글로는 '공맹'을 들먹이곤 했지만, 그 내용을 자세히 들여다보면 흔히 순자의 주장과 가르침이었음을 명확히 알게 됩니다. 성선의 깨우침은 외적인 교육과 훈계만큼 중요하지 않았습니다. 방대한 제국을 통치해야 했던 황제로서는 배움을 통해 백성이 말을 잘 듣고 일치된 행동을 하도록 하는 것이 백성을 보호하고 그들이 본심으로 돌아가게 하는 것보다 훨씬 쉽고 유리했습니다.

중국 문화의 장점으로 간주되는 것은 대부분 말에서든 글에서든 '공맹'으로 귀결되지만, 그 실질적인 공로는 마땅히 순자에게 돌아가는 것이 옳습니다. 마찬가지로 중국 문화의 결점으로 간주되는 것도 대부분 말과 글에서 습관적으로 공맹을 탓하게 되지만, 사실 공맹이 순자 대신 누명을 쓴 경우가 많습니다.

명백히 순자에게서 비롯된 사상과 학설이 왜 훗날 순자

의 이름을 거론하지 않게 되었을까요? 그 중요한 역사적 이유는 바로 순자가 예와 법의 절대적인 구분을 제거하는 동시에 유가와 법가 사이의 가장 분명한 차이도 제거했기 때문입니다. 공자와 맹자의 사상이 법가와 혼동되는 것은 절대 금물이었습니다. 순자의 성악론은 실질적으로 예를 법의 방향으로 크게 한 발자국 나아가게 한 것으로, 당시 나날이 성행하던 법가 쪽으로 크게 한 발자국 더 다가가 자신의 입장을 세운 것이기도 했습니다.

순자는 또 이사李斯라는 유명한 제자를 배출했는데, 그는 훗날 진시황이 여섯 나라를 통일할 때 지대한 공헌을 했습니다. 그리고 같은 시대 한 논저의 저자에게도 강한 영향을 끼쳤습니다. 바로 한비韓非였습니다. 이사와 한비는 모두 유가가 아니었고 유가와는 아무 관계도 없었습니다. 둘 다 철두철미한 법가의 인물이었지요. 진왕秦王 정政이 진시황이 되기까지, 또 진나라가 진제국이 되기까지 순자의 명성과 지위는 줄곧 높았습니다. 하지만 역시 그 이유 때문에 진제국이 멸망한 후 순자의 명성과 지위는 진제국과 법가의 뒤를 이어 빠르게 쇠락했습니다.

한漢제국이 수립된 후 60년 동안 끊임없이 통치 방식이 모색되었습니다. 태사공太史公 사마천司馬遷의 말을 빌려 개

괄하면 그 60년은 "한제국이 진제국의 병폐를 바로잡는"漢承秦弊 시기였습니다. 그 60년간 유일하게 변하지 않은 정치적 교훈은, 만약 진제국이 그렇게 치명적인 과오들을 저지르지 않았다면 패현沛縣의 불량배였던 유방이 천하를 얻을 기회는 없었으리라는 것이었지요. 그래서 한제국이 수립된 후 첫 번째로 해야 했던 일은 진제국의 과오를 검토해 어떻게든 그 전철을 되밟지 않는 것이었습니다.

한문제漢文帝 때 형성된 '백성과 더불어 쉰다'與民休息는 원칙이 바로 그 검토에서 나온 기본 답이었습니다. 진제국이 멸망한 것은 백성을 지나치게 동원해 그들이 못 견디고 앞다퉈 반기를 들게 만들었기 때문이지요. 그것과 정반대되는 실천은 가능한 한 일을 벌이지 않고 안정을 기하는 것이었습니다.

한무제漢武帝 때 드디어 한제국 고유의 통치 원칙이 세워졌습니다. 그것은 이른바 '유술'儒術*의 체계로서, 실질적으로는 음양 개념을 바탕으로 한 수많은 천인감응론天人感應論이 뒤섞인 것이었습니다. 하지만 명의상으로는 "유술만 중시한다"獨尊儒術였으니 당연히 공자를 떠받들게 되었지요. 이렇게 공자는 갑자기 신격화되었지만, 상대적으로 법가나 진제국과 밀접한 관계가 있었던 순자는 그런 분위기에서 어떠한

---

* 유가의 도.

명성과 지위도 누릴 수 없게 되었습니다.

　한제국 이후, 비록 순자 사상의 영향력은 지극히 크고 깊었지만 법가와의 역사적 관계로 인해 순자는 유가 전통에서 크게 인정받지 못했습니다. 순자의 영향력과 작용, 명성과 지위 사이에는 줄곧 큰 격차가 있었습니다.

유가의 변모

본분과 실용을 중시한 순자

열두 명의 학자를 비판한다는 뜻의 「비십이자」非十二子부터 『순자』를 가려 읽어 보겠습니다.

지금 시대에는 사악한 견해를 분칠하고 간사한 말을 미화해 천하를 어지럽히고, 거짓되고 과장되고 괴이하고 하찮은 말로 세상 사람들이 시비의 기준과 치란治亂*의 원인을 모르게 만드는 자들이 있다.

---

* 잘 다스려지는 세상과 어지러운 세상.

假今之世, 飾邪說, 文姦言, 以梟亂天下, 矞宇嵬瑣, 使天下混然不知是非治亂, 之所在者, 有人矣.

그런 자들은 과연 어떤 사람들이었을까요?

욕망을 좇고 멋대로 행동하고 짐승처럼 살아 예의에도 안 맞고 옳은 정치와도 안 통하는 자들이 있다. 하지만 입장에 근거가 있고 말도 논리적이어서 어리석은 대중을 속이고 미혹시킬 만하다. 타효它囂와 위모魏牟가 그런 자다.

縱情性, 安恣睢, 禽獸行, 不足以合文通治, 然而其持之有故, 其言之成理, 足以欺惑愚眾. 是它囂, 魏牟也.

순자가 첫 번째로 비판한 이는 타효와 위모였습니다. 이 두 사람에 대한 기록은 거의 남아 있지 않습니다. 단지 그들이 도가에 치우친 주장을 했으며, 자연에 모든 것을 맡기고 절제를 안 했다고만 알려져 있습니다.

본성을 억누른 채 좁은 길을 절뚝이며 가고 멀리 떨어져 발돋움을 하면서 구차하게 자신이 남들과 다르다는 것을 고상하다고 여겨 사람들과 화합하지도 않고 큰 본분을 밝히지도 않는 자들이 있다. 하지만 입장에 근거가 있고 말도 논리적이어서 어리석은 대중을 속이고 미혹시킬 만하다. 진중陳仲과 사추史鰌가 그런 자다.

忍情性, 綦谿利跂, 苟以分異人爲高, 不足以合大衆明大分, 然而其持之有故, 其言之成理, 足以欺惑愚衆. 是陳仲, 史鰌也.

그다음으로 비판한 이는 진중과 사추입니다. 진중은 제나라의 귀족 자제였는데, 귀족 신분과 재산을 버리고 짚신을 삼으며 살아서 세상 사람들에게 고결하다는 칭찬을 들었습니다. 또 사추는 춘추시대 위영공衛靈公의 사관史官이었는데, 여러 차례 위영공에게 간언을 했지만 받아들여지지 않았습니다. 그는 죽기 전에 아들에게 자신을 땅에 묻지 말라고 당부합니다. 죽어서도 그 시신으로 시위를 해 위영공에게 '시간'屍諫을 할 셈이었지요. 이 이야기를 듣고 위영공은 사추의 충성심을 크게 칭찬했습니다.

순자는 진중과 사추를 억지로 명성과 영향력을 취하려한 이들의 대표자로 보았습니다. 앞의 타효와 위모와는 정반대로 그들은 일부러 자연스러운 욕망을 억누르고 보통 사람과 다르게 말하고 행동하려고 애썼습니다. "좁은 길을 절뚝이며 갔다"縶谿고 한 것은 그들이 짐짓 심오한 말을 일삼은 것에 대한, 그리고 "멀리 떨어져 발돋움을 했다"利跂고 한 것은 그들이 세상 사람들의 습관과 거리를 두려고 한 것에 대한 표현입니다. 이런 사람들은 다른 이들과 화합하지도 못하고 기존의 신분 규범을 따르지도 않습니다. 그래도 말은 논리적이어서 무지한 대중을 속이곤 하지요. "큰 본분大分을 밝히지 않았다"는 것은 그들이 기존의 사회적 신분에 따라 행동하지 않고 비정상적인 방식으로 기존의 신분 규범에서 벗어나 스스로를 높이고 타인에게 영향을 끼쳤다는 뜻입니다.

'분'分은 순자의 사상에서 핵심 개념입니다. 분은 사람이라면 응당 주어지는 신분과 그에 상응하는 행위를 가리킵니다. 사람들이 저마다 자신의 분을 이해하고 지켜서 그것을 어기지 않는다면 사회에는 당연히 영속적인 질서가 생기고 나라도 다스리기 쉬워질 겁니다. 반대로 가정부터 국가에 이르기까지 모든 집단생활에 문제가 생기는 것은 사람들이 분을 안 지키고 분을 파괴하기 때문이라고 순자는 생각했습니다.

천하를 통일하고 국가를 세우는 법도도 모르면서 공리와 실용을 숭상하고 검약을 중시하되 차별은 경시하여 사람 간의 차이와 임금과 신하의 격차까지 용납하지 않는 자들이 있다. 하지만 입장에 근거가 있고 말도 논리적이어서 어리석은 대중을 속이고 미혹시킬 만하다. 묵적墨翟과 송견宋鈃이 그런 자다.

不知壹天下建國家之權稱, 上功用, 大儉約而僈差等, 曾不足以容辨異縣君臣, 然而其持之有故, 其言之成理, 足以欺惑愚衆. 是墨翟, 宋鈃也.

순자가 세 번째로 비판한 것은 묵가墨家입니다. 묵적은 바로 묵자로 묵가의 창시자이지요. 또 송견은 전국시대 묵가의 가장 유명한 계승자입니다. 순자가 보기에 묵가의 문제점은 가정, 국가, 천하를 관통하는 보편적인 법도(어떠한 신분과 지위도 그에 상응하는 권리와 행위를 수반하는데, 이것 역시 '예'입니다)가 있는 것도 모르고 실제적인 공리와 실용만 중시하고 있어 마땅한 상하 신분 차이조차 무시한 데에 있었습니다. 대신 그들은 겸애兼愛를 강조하며 평등을 도모했지요. 그러면 "임금은 임금답지 않고 신하는 신하답지 않은"君不君, 臣不臣 상황이 닥칠지도 모르는데 말입니다.

법을 숭상하면서도 법을 무시하고, 수양은 소홀히 하면서 자기주장을 즐기고, 위로는 군주와 권력자의 말에 귀 기울이고 아래로는 세속의 관습을 따르면서 종일 떠든 말을 글로 적어 거듭 살피는 자들이 있다. 그들의 주장은 실제와 동떨어져 귀결되는 지점이 없어 나라를 다스릴 수도, 사람들의 본분을 확립할 수도 없다. 하지만 입장에 근거가 있고 말도 논리적이어서 어리석은 대중을 속이고 미혹시킬 만하다. 신도愼到와 전병田騈이 그런 자다.

尚法而無法, 下脩而好作, 上則取聽於上, 下則取從於俗, 終日言成文典, 反紃察之, 則倜然無所歸宿, 不可以經國定分, 然而其持之有故, 其言之成理, 足以欺惑愚众. 是愼到, 田駢也.

네 번째 비판 대상은 법가입니다. 순자가 꼽은 두 대표자 신도와 전병은 모두 전국시대 사람으로 신도는 조나라, 전병은 제나라 사람이었습니다. "법을 숭상하면서도 법을 무시했다"는 말에서 앞의 법은 구체적인 법령을, 뒤의 법은 추상적인 원칙과 도리, 즉 법도를 뜻합니다. 순자는 법가가 인위적으로 제정한 법령만 중시하고 그 배후의 더 크고 높은 총체적 원칙은 소홀히 한다고 비판합니다. 법가가 제정한 구체적인 법령은 지혜로운 성현이 총체적 원칙에 따라 설계한 것이 아니라 단지 권력자의 의향과 사회의 풍속에 맞춰 정한 것으로, 진정한 지혜가 아닌 그들의 주관적인 견해의 산물이라는 것입니다. 그러니 그런 법령으로는 나라를 다스릴 수도 없고, 사람마다 당연히 가져야 할 '본분'分을 확립할 수도 없다는 것이지요. 여기에서 순자는 재차 '분'의 중요성을 강조합니다.

순자의 학설은 훗날 법가와 매우 가까워지기는 하지만, 그래도 그는 유가적인 태도로 법을 대합니다. 법은 인위적으로 혹은 주관적으로 정해져서는 안 된다는 것이지요. 순자는 한편으로 법이 권력이나 군주의 의지에 의해 주관적이고 임의적으로 생성되는 것을 반대하는 동시에, 다른 한편으로 법이 기존의 사회 풍습을 성문화成文化하는 것도 반대합니다. 그는 법은 마땅히 더 훌륭한 지혜에 의해 발견되고 발명된 일련의 지도 원칙에서 비롯되고 또 그 지도 원칙에 부합해야 하며, 사람들 각자에게 적절한 본분을 부여해 그들이 그 본분에 따라 행동하고 삶을 영위하게 해야 한다고 주장합니다.

선왕을 본받지 않고 예의를 옳다고 여기지 않으며, 괴이한 견해를 좋아하고 기이한 말을 갖고 노는 자들이 있다. 그들의 주장은 세밀하기는 하지만 장점이 없고, 말이 그럴듯하기는 하지만 쓸모가 없고, 일이 많기는 하지만 공은 적어서 치국의 강령으로 삼을 수 없다. 하지만 입장에 근거가 있고 말도 논리적이어서 어리석은 대중을 속이고 미혹시킬 만하다. 혜시惠施와 등석鄧析이 그런 자다.

不法先王, 不是禮義, 而好治怪说, 玩琦辭, 甚察而不惠, 辯而無用, 多事而寡功, 不可以爲治綱纪, 然而其持之有故, 其言之成理, 足以欺惑愚衆. 是惠施, 鄧析也.

순자는 다섯 번째로 혜시와 등석 같은 명가名家를 비판합니다. 순자가 보기에 그들은 고대 성왕聖王의 지혜를 존중하지 않고 예의의 중요성을 부정하면서 겉만 번지르르하고 현실성은 없는, 아무 도움도 안 되는 궤변만 일삼았지요. 순자는 그런 말과 행태를 나라를 다스리는 주요 원리 원칙으로 삼을 수는 없다고 보았습니다.

나라를 다스리는 법도

이렇게 다섯 단락에 걸쳐 단락마다 두 명씩 전부 열 명을 비판하면서, 각 단락의 마지막에는 "하지만 입장에 근거가 있고 말도 논리적이어서 어리석은 대중을 속이고 미혹시킬 만하다"라는 말을 되풀이했습니다. 바꿔 말해 다섯 부류로 나뉘는 그 열 명의 인물은 각기 다른 주장과 잘못이 있지만, 그 죄상은 똑같이 "어리석은 대중을 속이고 미혹시켰다"는 것입니다. 그러면 그들이 "어리석은 대중을 속이고 미혹시킨" 수단은 무엇이었을까요? "입장에 근거가 있고 말도 논리적인" 것, 즉 웅변 능력과 그 효과였습니다. 순자는 웅변에 반대하고, 그것을 그 시대에 반드시 뿌리 뽑아야 할 병폐로 간주했습니다.

순자는 이 부분에 「비십이자」라는 제목을 붙였으므로 아직 한 부류의 두 인물이 남았습니다. 그들은 누구일까요?

대체로 선왕을 본받으면서도 그 큰 줄기를 모르고, 재주가 뛰어나고 뜻이 큰 것 같기는 한데 보고 들은 것이 많아 잡다하다. 또 옛날 일을 따져 학설을 만들어서 오행五行이라 불렀는데 편벽되어 분별이 없고, 심오한 듯한데 설명이 없고,

간략하고 막혔는데 풀이가 없다. 그러면서도 책상 앞에 앉아 그 학설을 꾸미고 공경하며 말하길, "이것은 실로 앞선 군자의 말이다"라고 한다. 자사가 이를 제창하고 맹가孟軻(맹자)가 화답했다. 세속의 어리석은 유자儒者들은 시끄럽게 지껄일 뿐 틀린 줄도 모르고, 마침내 그것을 이어받아 전해서 공자와 염옹冉雍*이 후대에 더욱 존경을 받았다. 이것이 자사와 맹가의 죄다.

略法先王而不知其統, 然而猶材劇志大, 聞見雜博. 案往舊造說, 謂之五行, 甚僻違而無類, 幽隱而無說, 閉約而無解, 案飾其辭而祗敬之曰: "此眞先君子之言也." 子思唱之, 孟軻和之, 世俗之溝猶瞀儒嚾嚾然不知其所非也, 遂受而傳之, 以爲仲尼, 子弓爲玆厚於後世. 則子思孟軻之罪也.

이번에는 총구를 자기편으로 돌려 같은 유가에 속한 자사와 맹자를 비판합니다. 더욱이 이 여섯 번째 단락에서는 앞의 다섯 단락에서 반복되었던 글쓰기 방식이 쓰이지 않습니다. "하지만 입장에 근거가 있고 말도 논리적이어서 어리석은 대중을 속이고 미혹시킬 만하다"라는 말을 찾아볼 수 없지요. 더 중요한 것은 자사와 맹자에 대한 비판이 짧은 개

---

* 자는 자궁(子弓), 중궁(仲弓)으로 공자보다 스물아홉 살이 어렸으며, 노나라 사람으로 미천한 출신인데도 학문과 덕행이 뛰어나 '공문십철'(孔門十哲)의 일인으로 꼽혔다.

요에 그치지 않고 「비십이자」가 끝날 때까지 계속 이어진다는 점입니다.

「비십이자」의 초점은 사실 자사와 맹자이며, 이 두 명 중에서도 시간상 순자와 더 가까웠던 맹자가 초점 중의 초점입니다. 순자는 그들이 고대의 선왕을 추종한다고 하면서도 흉내만 낼 뿐 그 원리는 몰랐다고 비판합니다. 또한 멋대로 자기 능력을 과신해 원대한 목표를 추구했으며, 보고 들은 것이 많아 잡다해서 전혀 가다듬어지지 않았다고 말합니다. 이런 문제의 핵심은 큰 줄기統를 몰랐던 데에 있다고도 합니다.

순자에 따르면 그들이 옛날 자료에 근거해 만든 오행(다섯 가지 옳은 행위), 즉 인仁, 의義, 예禮, 지智, 신信의 학설도 부적절하고 진리를 왜곡한 것이었습니다. 이 학설은 난삽하기만 하고 제대로 된 설명이 없는데도, 그들은 논리의 허점을 가리고 꾸미기에만 열중하며 "이것은 공자의 진정한 사상이다"라고 주장했습니다. 바로 자사가 그런 주장을 했는데, 그는 공자의 손자여서 더더욱 그 주장에 힘이 실렸을 겁니다. 맹자도 이에 맞장구를 치며 세속의 무지한 유자들을 미혹시켰습니다.

순자는 자사와 맹자가 "역사적 권위에 호소하는" 오류

를 저질렀다고 지적합니다. 자신들의 말을 공자의 말인 것처럼 둔갑시켜 다른 사람의 질문을 막았고, 이 때문에 굳이 분명하게 이치를 해명할 필요가 없어져 학설이 잡다하고 순수하지 못한 내용으로 가득해졌다는 것입니다. 이 말을 통해 우리는 순자가 자사와 맹자의 문파가 표방한 핵심 이념이 인, 의, 예, 지, 신이라고 생각한 한편 그들의 이론이 심오한 듯하지만 불명확한 점이 많으며 그들의 스타일은 "재주가 뛰어나고 뜻이 큰 것 같기는 한데 보고 들은 것이 많아 잡다하다"고 판단했음을 알 수 있습니다. 이와 비교해 순자가 이어받은 염옹 문파의 학설은 훨씬 직설적이었고, 심오하거나 간략한 부분이 많지 않았으며, 표현하는 방식도 신중하고 조심스러웠습니다.

오늘날 맹자의 학설을 자세히 살펴보면 순자의 비판을 전면적으로 받아들이기는 어렵습니다. 여기에서 중요한 포인트는 역사적으로 유가 문파들이 평화롭게 공존하지는 못했다는 겁니다. 전국시대 중기에 맹자의 활약으로 자사의 문파는 상당한 발전을 이뤘고, 그 과정에서 염옹으로부터 순자로 이어진 문파와 갈등을 겪은 것으로 보입니다. 그래서 순자는 특별히 자사와 맹자를 다른 열 명의 인물과 같이 놓고 비판한 겁니다.

만약 그 '십이자'가 다 틀렸고 각기 문제가 있었다면, 과연 옳은 점은 없었을까요? 혹은 「비십이자」에서 '옳음'의 기준은 무엇일까요? 이어서 순자는 자기가 생각하는 공자와 염옹의 도리를 이야기합니다.

> 방법과 책략을 아우르고, 말과 행동을 같게 하고, 여러 부류를 통일하면서 천하의 인재를 모아 옛날 일을 알려 주고 가장 옳은 이치를 가르친다.

> 若夫總方略, 齊言行, 壹統類, 而群天下之英杰, 而告之以大古, 教之以至順.

"아우르고"總, "같게 하고"齊, "통일해야"壹 합니다. 이것이 순자의 기본 가치입니다. 나라를 다스리는 방법에는 통합의 원리가 있어야 하고, 백성의 말과 행동은 가지런하고 일치해야 하며, 사회질서에는 고정적이며 변치 않는 신분의 차별이 있어야 합니다. 그리고 천하의 능력 있는 사람을 다 모아서 상고시대 선왕들의 사적을 배우게 하고, 궁극적이며 절대적이라 절대로 어겨서는 안 되는 진리를 가르쳐야 합니다.

순자는 어지럽고 복잡한 현상을 선호하지 않았고, 인제가 개성을 발휘하도록 내버려 두는 것은 더더욱 선호하지 않았습니다. 어지럽고 복잡한 것은 효과적으로 엄밀하게 분류해 통일된 원리 원칙으로 귀납해 내야 한다고 생각했습니다. 그리고 그에게 '옛날 일'大古과 '선왕'의 가장 큰 의의와 공헌은 뛰어난 지혜로 일찌감치 통일된 원리 원칙을 발견하고 발명해 어지럽고 복잡한 현상으로 인한 혼란과 괴로움을 우리가 극복할 수 있도록 도와준 것이었습니다.

작은 방과 대자리 위에서라도 성왕聖王의 글을 모아 갖춘다면 태평성대의 풍속이 성대하게 일어나, 그 여섯 학설을 주장하는 자들이 끼어들지 못하고 그 열두 명도 다가서지 못할 것이다.

奧窔之間, 簟席之上, 斂然聖王之文章具焉, 佛然平世之俗起焉, 則六說者不能入也, 十二子者不能親也.

대자리簟席는 학문을 가르치고 배우는 장소를 뜻합니다. 어디서라도 성왕의 글聖王之文章, 즉 상고시대 선왕들의 훌륭한 이치와 제도가 구비되면 사회 풍속이 크게 안정되어 앞에서 얘기한 잘못된 여섯 학설과 열두 명의 대표자는 발 디딜 곳이 없어질 것이라는 주장입니다.

그들은 송곳 하나 꽂을 땅도 없었지만 왕공들이 더불어 명성을 다투지 못했다. 또 일개 대부의 자리에 있었을 뿐인데도 한 군주가 홀로 잡아 두지 못하고 한 나라가 홀로 그를 차지하지 못했다. 그들의 명성은 제후들한테도 알려져 모두가 그들을 신하로 삼고 싶어했다. 그럼에도 성인으로서 세력을 얻지 못한 이들이 공자와 염옹이다.

無置錐之地, 而王公不能與之爭名. 在一大夫之位, 則一君不能獨畜, 一國不能獨容. 成名況乎諸侯, 莫不願以爲臣. 是聖人之不得勢者也, 仲尼, 子弓是也.

이처럼 "성인으로서 세력을 얻지 못한 이들"에 이어 또 다른 본보기가 제시됩니다.

천하를 통일하고 만물을 관리하며 백성을 양육해 길이 통하는 곳마다 순종하지 않는 사람이 없으니, 그 여섯 학설을 주장하는 자들은 사라지고 그 열두 명도 바르게 감화될 것이

다. 이것은 성인으로서 세력을 얻은 이들의 성취인데, 순舜
과 우禹가 바로 그들이다.

一天下, 財萬物, 長養人民, 兼利天下, 通達之屬, 莫不從服, 六
說者立息, 十二子者遷化, 則聖人之得勢者, 舜, 禹是也.

그다음에 순자는 자신의 기대를 밝힙니다.

이제 어진 자는 무엇에 힘써야 하는가? 위로는 순과 우의
제도를 본받고 아래로는 공자와 염옹의 뜻을 본받아 열두
명의 학설을 없애는 데 힘써야 한다. 그렇게 천하의 폐해를
제거하여 어진 자의 일을 마치고 성왕의 행적을 드러내야
한다.

今夫仁人也, 將何務哉? 上則法舜禹之制, 下則法仲尼子弓之
義, 以務息十二子之說. 如是則天下之害除, 仁人之事畢, 聖王
之跡著矣.

이것이 바로 순자가 「비십이자」를 쓴 의도입니다.

예가 못 미치면 법으로 뒤를 잇는다

믿을 만한 것을 믿는 것이 믿음이며 의심스러운 것을 의심하는 것도 믿음이다. 현명한 자를 귀하게 여기는 것이 인덕이며 못난 자를 천하게 여기는 것도 인덕이다. 말이 이치에 맞는 것이 지혜이며 침묵이 이치에 맞는 것도 지혜다. 따라서 침묵할 줄 아는 것은 말할 줄 아는 것과 같다. 그러므로 말이 많아도 본분에 맞으면 성인이고 말이 적어도 법도에 맞으면 군자이며 말이 많든 적든 법도가 없고 탐닉하면 아무리 말을 잘해도 소인이다.

信信, 信也; 疑疑, 亦信也. 貴賢, 仁也; 賤不肖, 亦仁也. 言而當, 知也; 默而當, 亦知也. 故知默猶知言也. 故多言而類, 聖人也; 少言而法, 君子也; 多少言無法而流湎然, 雖辯, 小人也.

옳고 믿을 만한 것을 믿는 것이 믿음이지만, 못 믿을 것을 의심하고 문제 제기하는 것도 믿음입니다. 또 현명한 사람을 높이 받드는 것이 인덕이지만, 그릇되고 변변치 못한 사람을 무시하는 것도 인덕입니다. 나아가 적절한 말을 하는 것이 지혜이지만, 적절한 때에 침묵을 지키는 것도 지혜입니다. 이처럼 믿음信, 인덕仁, 지혜智의 실천에는 긍정적이거나 부정적인 양면의 경로가 있는데, 긍정적인 것은 긍정하고 부정적인 것은 부정하며 비판합니다.

그런데 이 세 가지 중 순자가 특별히 강조하는 것은 지혜인데, 특히나 지혜를 부정적으로 실현하는 방법에 가장 주목합니다. 언제 말을 하지 말아야 하는지 아는 것은 무엇을 어떻게 말할지 아는 것만큼이나 중요합니다. 말을 많이 하는데도 한 마디 한 마디가 본분에 맞는다면 그 사람은 성인입니다. 또 말을 많이 안 해도 한 마디 한 마디가 준칙에 맞는다면 그 사람은 군자입니다. 반면에 말을 많이 하든 적게 하든 전부 준칙에 맞지 않고 말을 위한 말에만 탐닉하면 그 사람은 아무리 화술이 능수능란해도 소인일 수밖에 없습니다.

애를 쓰더라도 백성의 일에 맞지 않으면 간악한 일이라 하고, 머리를 쓰더라도 선왕을 본받지 않으면 간악한 마음이라 하며, 말과 비유가 다 기민하고 영리해도 예의를 따르지 않으면 간악한 말이라 한다. 이 세 가지 간악한 것을 성왕은 금하였다.

故勞力而不當民務, 謂之奸事; 勞知而不律先王, 謂之奸心; 辯

說譬諭, 齊給便利, 而不順禮義, 謂之奸說. 此三奸者, 聖王之
所禁也.

이 '세 가지 간악한 것'三奸 중에서도 순자가 가장 혐오한
것은 '간악한 말'奸說이었습니다.

지혜롭지만 음험하고, 해롭지만 신묘하고, 속임수를 쓰지
만 교묘하고, 쓸데없는 말을 하지만 말재간이 있고, 말이
긴요하지 않지만 자세한 것은 정치에 큰 재앙이다. 또한 편
벽된 행동을 하면서도 고집스럽고, 그릇된 것을 꾸며 놓고
훌륭하다 하고, 간사한 짓을 하면서도 윤택하게 살고, 말을
잘하면서도 도리에 어긋나는 것은 옛날 성왕들이 엄격히 금
하던 일이다.

知而險, 賊而神, 爲詐而巧, 言無用而辯, 辯不急而察, 治之大
殃也. 行辟而堅, 飾非而好, 玩奸而澤, 言辯而逆, 古之大禁也.

여기에서 순자는 웅변에 반대하며 웅변을 날카롭게 비
판하는 입장을 드러냅니다. 이 입장은 그와 노자와 한비가
모두 동일합니다. 그들은 모두 유세객의 활동이 그 시대에

초래한 커다란 충격과 파괴를 보았기 때문에 철저히 상반된 태도를 취했습니다. 장자부터 노자에 이르기까지, 그리고 맹자부터 순자에 이르기까지 우리는 똑같은 변화의 추세를 확인할 수 있습니다. 확장과 다원화를 지향하던 사상들이 강제적이고 통일적인 방식으로 정리되어, 진리는 더 이상 활발한 상상과 토론 속에 있지 못하고 모든 것을 가늠하며 통제하는 이치 속에 자리하게 되었습니다.

지혜가 있는데 법을 안 지키고, 용감한데 거리끼는 게 없고, 말은 분명한데 행동은 괴팍하고, 사치가 심해서 궁핍하고, 간악한 짓을 좋아해서 무리를 짓고, 걸음이 빠른데도 길을 잃고, 힘이 좋아 무거운 돌을 드는데도 높은 데서 추락하는 것은 세상 사람들이 혐오하는 일이다.

知而無法, 勇而無憚, 察辯而操僻, 淫泰而用乏, 好奸而與衆, 利足而迷, 負石而墜, 是天下之所棄也.

순자는 이렇게 세상 사람들이 싫어하는 일을 열거한 뒤, 이어서 정반대되는 일을 서술합니다.

세상 사람들의 마음을 얻으려면 이래야 한다. 고상하고 존귀해도 남에게 교만하지 않고, 똑똑하고 지혜로워도 남을 궁지에 몰지 않고, 빠르고 막힘이 없어도 남보다 앞서려 하지 않고, 강하고 용감해도 남을 해치지 않고, 모르면 물어보고, 능력이 없으면 배우고, 능력이 있어도 반드시 양보한다. 그런 뒤에야 덕 있는 사람이 된다.

兼服天下之心: 高尙尊貴不以驕人, 聰明聖智不以窮人, 齊給速通不爭先人, 剛毅勇敢不以傷人. 不知則問, 不能則學, 雖能必讓, 然後爲德.

순자는 세상 사람들의 마음을 얻으려면 겸허해야 한다고 생각합니다. 고상하고, 똑똑하고, 빠르고, 용감해도 자기보다 못한 사람을 무시하거나 눌러서는 안 된다는 것이지요. 자신의 장점을 절제해야지 과시해서는 안 됩니다. 또한 수시로 겸허함을 드러내야 한다고 말합니다. 모르면 묻고 못하는 것은 익히면서 말이지요. 그래야만 인덕이 요구하는 기준에 부합할 수 있다고 주장합니다.

군주를 만나면 신하의 도리를 행하고, 고향 사람을 만나면

장유의 도리를 행하고, 나이 많은 사람을 만나면 자제子弟의 도리를 행하고, 친구를 만나면 예절과 사양의 도리를 행하고, 지위가 낮고 어린 사람을 만나면 관용과 가르침의 도리를 행해야 한다.

遇君則修臣下之義, 遇鄕則修長幼之義, 遇長則修子弟之義, 遇友則修禮節辭讓之義, 遇賤而少者則修告導寬容之義.

대원칙은 겸양이지만, 구체적인 방식은 자신의 본분에 따른 행동입니다. 어떤 지위, 어떤 역할에 처해 있든 그 지위와 역할에 맞는 행위로 사람을 대해야 한다는 것이지요. 여기에서 순자는 재차 본분의 중요성을 강조합니다.

사랑하지 않는 사람이 없고, 공경하지 않는 사람이 없으며, 더불어 다투는 사람이 없고, 천지가 만물을 품듯 마음이 넓어야 한다. 그러면 현명한 자도 그를 귀하게 여기고 못난 자도 그를 가까이 여길 것이다. 이렇게 했는데도 따르지 않는 자는 괴팍하고 교활한 자라 할 수 있으니, 가까운 자제여도 형벌을 받아 마땅하다.

無不愛也, 無不敬也, 無與人爭也, 恢然如天地之苞萬物. 如是則賢者貴之, 不肖者親之. 如是而不服者, 則可謂訞怪狡猾之人矣, 雖則子弟之中, 刑及之而宜.

　사랑해야 할 사람을 사랑하고 존경해야 할 사람을 존경하며 누구와도 다투지 않고, 마치 천지가 만물을 담고 키우듯 마음을 넓게 가져야 합니다. 그렇게 하는 사람은 능력과 지위가 있는 이도 존중하고, 반대로 능력과 지위가 없는 이도 가깝게 여길 겁니다. 그렇지 않고 불복하는 이는 대단히 괴팍하고 교활한 사람으로, 형벌을 내려 버릇을 고쳐 줘도 아무도 부당하다고 하지 않을 겁니다.

　"세상 사람들의 마음을 얻는" 방법을 다 행해도 여전히 불복하는 자가 있다면, 그것은 그자가 "괴팍하고 교활한 자"이기 때문이니 마땅히 형벌을 동원해 강제로 복종하게 만들어야 합니다. 앞에서 거론한 "세상 사람들의 마음을 얻는" 방법은 예의 원칙대로 세상을 감화시키고 영향을 주는 것이었습니다. 그러나 예에 감화되지 않고 영향을 받지 않는 자에게는 법을 동원해 형벌 같은 강제 수단을 취해야 합니다. 예와 법은 이처럼 연속적이고 일관되게 운용되어야 합니다.

『시경』詩經에서 "상제上帝가 옳지 않아서가 아니라 은나라가 옛 법도를 따르지 않았기 때문이네. 비록 옛 신하는 없어도 아직 옛 법도는 남아 있었네. 그런데도 따르지 않아 나라의 운명이 기울었네"라고 한 것이 바로 이를 가리킨다.

『詩』云: "匪上帝不時, 殷不用舊. 雖無老成人, 尙有典刑. 曾是莫聽, 大命以傾." 此之謂也.

이 시구는 『시경』 대아大雅 「탕」蕩의 일부입니다. 상제가 자연의 법칙대로 행하지 않은 것이 아니라 상(은)나라 왕이 기존 규범을 지키지 않았다는 겁니다. 당시 상나라 조정에는 기존 규범을 잘 아는 '옛 신하'가 없기는 했지만, 그래도 아직 본받을 만한 제도와 사적이 있었습니다. 하지만 상나라 왕은 그것을 따르지도, 지키지도 않아 끝내 하늘이 내린 운명을 잃고 주나라에 패했습니다.

천한 유자와 진정한 군자

옛날에 벼슬하던 사대부는 후덕한 사람이었고, 대중과 화합하는 사람이었고, 존귀함을 즐기는 사람이었고, 나누어

베푸는 것을 즐기는 사람이었고, 죄와 허물을 멀리하는 사람이었고, 사물의 이치를 애써 탐구하는 사람이었고, 혼자 부귀를 누리는 것을 부끄러워하는 사람이었다.

古之所謂仕士者, 厚敦者也, 合群者也, 樂可貴者也, 樂分施者也, 遠罪過者也, 務事理者也, 羞獨富者也.

이 단락은 옛날에 벼슬하던 사대부의 몇 가지 기본 품성을 열거하고 있습니다. 하나같이 고귀하고 긍정적인 품성입니다. 하지만 순자가 살았던 시대에 벼슬하던 사대부는 그렇지 않았나 봅니다.

오늘날 벼슬하는 사대부는 불결한 자이고, 남을 해치고 세상을 어지럽히는 자이고, 제멋대로 행동하는 자이고, 이익을 탐하는 자이고, 법을 어기는 자이고, 예의 없이 권세만 좋아하는 자다.

今之所謂士仕者, 污漫者也, 賊亂者也, 恣睢者也, 貪利者也, 觸抵者也, 無禮義而唯權勢之嗜者也.

옛날의 이상적인 기준과 완전히 거리가 먼 자들로 묘사하고 있습니다. 이어서 순자는 벼슬을 하지 않은 사대부인 처사處士에 대해서도 똑같이 옛날과 오늘날을 비교합니다.

옛날의 처사는 덕이 많은 사람이었고, 조용히 사는 사람이었고, 바르게 수양하는 사람이었고, 천명을 아는 사람이었고, 옳은 이치를 드러내는 사람이었다.

古之所謂處士者, 德盛者也, 能靜者也, 修正者也, 知命者也, 箸是者也.

이와 비교해 오늘날의 처사는 어땠을까요?

오늘날의 처사는 무능하면서도 유능하다고 하는 자이고, 무지하면서도 지혜롭다고 하는 자이고, 끝없이 이익을 추구하면서도 욕심이 없는 척하는 자이고, 행실이 거짓되고 음험하며 지저분하면서도 한사코 신중하고 성실하다고 과장하는 자이고, 속되지 않은 척해 속된 명성을 취하면서 바른 길에서 벗어나 스스로 잘난 체하는 자다.

今之所謂處士者, 無能而云能者也, 無知而云知者也, 利心無足
而佯無欲者也, 行僞險穢而彊高言謹慤者也, 以不俗爲俗, 離縱
而跂訾者也.

역시 옛날의 처사와는 대조적으로 고결한 은사隱士인 척
하면서 뒤로는 세속적 명성과 이익을 탐하는 위선자입니다.

군자가 할 수 있는 일과 할 수 없는 일은 다음과 같다. 군자
는 고귀해질 수는 있지만 남들이 자신을 반드시 고귀한 사
람으로 여기게 할 수는 없고, 믿음직스러워질 수는 있지만
남들이 자신을 반드시 믿게 만들 수는 없으며, 쓸 만해질 수
는 있지만 남들이 자신을 반드시 쓰게 할 수는 없다.

士君子之所能不能爲: 君子能爲可貴, 而不能使人必貴己; 能爲
可信, 不能使人必信己; 能爲可用, 不能使人必用己.

이어서 순자는 '천명을 아는 자'知命者였던 옛날의 처사
혹은 군자의 특성을 더 파고들어, 군자가 스스로 통제하며
할 수 있는 일과 할 수 없는 일을 탐구합니다. 군자는 스스로
를 통제하고 수양해 남에게 존경받을 만한 고귀한 품격을 갖

출 수 있습니다. 하지만 남이 자신을 존경하도록 강제할 수는 없습니다. 또 자기 수양을 통해 신뢰할 만한 사람이 될 수는 있지만, 남이 자신을 신뢰하도록 강제할 수는 없습니다. 마찬가지로 자기 수양을 통해 능력을 발휘하게 될 수는 있지만, 남이 자신을 중용하도록 강제할 수는 없습니다.

그래서 군자는 자기 수양이 부족한 것을 부끄러워하지 남에게 모욕당하는 것을 부끄러워하지는 않으며, 자기 능력이 부족한 것을 부끄러워하지 남에게 등용되지 못하는 것을 부끄러워하지는 않는다. 이런 까닭에 명예에 유혹되지 않고, 비방을 두려워하지 않으며, 법도에 따라 행동하고 단정하게 자신을 바로잡으면서 외부 사물로 인해 기울어지지 않는다. 이런 사람을 가리켜 진정한 군자라고 한다.

故君子恥不修, 不恥見汚; 恥不信, 不恥不見信; 恥不能, 不恥不見用. 是以不誘於譽, 不恐於誹, 率道而行, 端然正己, 不爲物傾側, 夫是之謂誠君子.

이처럼 군자는 자율적인 사람입니다. 자기가 옳다고 믿는 원칙에 따라 행동하며 자신을 엄격히 통제합니다. 결코 외적인 요인 때문에 바른 도에서 벗어나지 않습니다. 이런 사람이야말로 자기 수양에 철저한 '진정한 군자'誠君子입니다.

『시경』에서 "온화하고 공손한 사람이여, 오직 덕의 기초라네"라고 한 것이 바로 이를 가리킨다.

『詩』云: "溫溫恭人, 維德之基." 此之謂也.

이 시구는 『시경』 대아 「억」抑에 나옵니다. 온화하고 후덕하며 공손하게 남을 대하는 사람은 그 내면에 두터운 인덕을 기초로 갖고 있다는 뜻입니다. 바로 '진정한 군자'를 묘사한 구절이지요.

군자의 모습은 이러하다. 관은 높고, 옷은 풍성하고, 용모는 온화하며, 엄정하고, 근엄하고, 시원스럽고, 너그럽고, 광대하고, 밝고, 솔직하다. 이것은 아버지와 형으로서의 모습이다.

士君子之容: 其冠進, 其衣逢, 其容良; 儼然, 壯然, 祺然, 蕼然,恢恢然, 廣廣然, 昭昭然, 蕩蕩然, 是父兄之容也.

진정한 군자는 내적 수양이 겉으로 드러납니다. 이 모습은 손아랫사람의 눈에 비친 군자의 모습입니다. 이어서 손윗사람의 눈에 비친 군자의 모습도 서술합니다.

군자는 관이 높고, 옷은 풍성하고, 용모는 성실하며, 조심스럽고, 선량하고, 친근하고, 단정하고, 근면하고, 공손하고, 충성스럽고, 겸허하다. 이것은 자식과 동생으로서의 모습이다.

其冠進, 其衣逢, 其容慤. 儉然, 侈然, 輔然, 端然, 訾然, 洞然, 綴綴然, 瞀瞀然, 是子弟之容也.

진정한 군자의 외양을 묘사한 뒤, 순자는 오늘날 학문깨나 한다고 으스대는 사람들은 어떤 모습인지 서술합니다.

나는 당신들에게 배운 자들의 괴상한 모습을 말해 주겠다. 그들은 관이 기울어졌고, 관끈은 느슨하고, 표정은 오만하다. 때로는 둔하고 때로는 껑충껑충 뛰며, 때로는 더듬거리고 때로는 재잘거리며, 때로는 두려워하고 의기소침해하고 어리둥절해한다.

吾語汝學者之嵬容: 其冠俛, 其纓禁緩, 其容簡連. 塡塡然, 狄狄然, 莫莫然, 瞡瞡然, 瞿瞿然, 盡盡然, 盰盰然.

내적 수양이 부족하면 이렇게 외적으로도 안정되지 못한 모습을 보입니다.

먹고 마시고 미색을 즐길 때는 보이는 것이 없는 듯 행동하고, 예절을 차려야 할 때는 방자하고 혐오하는 듯 행동한다. 또 수고하며 일을 해야 할 때는 게으르게 굴며 자리를 피한다. 나태하고 유약하여 정도에서 벗어나고 염치가 없어 남의 욕과 조소도 견디기만 하니, 이것이 배운 자의 괴상한 모습이다.

酒食聲色之中, 則瞞瞞然, 瞑瞑然; 禮節之中則疾疾然, 訾訾然; 勞苦事業之中則儢儢然, 離離然. 偷儒而罔, 無廉恥而忍譨詢. 是學者之嵬也.

이제 순자는 그 괴상한 '배운 자'들을 구체적으로 지목하기 시작합니다. 그가 가장 불만을 토로했던 자들은 그와 같은 유가이면서 다른 문파에 속한 이들이었습니다.

관을 삐딱하게 쓰고 공허한 말이나 하며 우임금처럼 걷고(우임금은 치수를 하러 다니느라 다리가 망가져 절뚝이며 걸었다고 한다) 순임금처럼 달리는(순임금은 겸허해서 늘 고개를 숙인 채 잰걸음으로 다녔다고 한다) 자들은 자장씨의 천한 유자들이다. 옷과 관은 똑바르고 표정도 단정하지만 겸손한 양 온종일 아무 말도 하지 않는 자들은 자하씨子夏氏의 천한 유자들이다. 또한 나태하고 유약하여 일하기를 꺼리면서 염치없이 먹고 마시는 것만 밝히고, "군자는 본래 힘을 쓰지 않는다"라고 지껄이는 자들은 자유씨子游氏의 천한 유자들이다.

弟佗其冠, 神禫其辭, 禹行而舜趨, 是子張氏之賤儒也. 正其衣冠, 齊其顏色, 嘿然而終日不言, 是子夏氏之賤儒也. 偷儒憚事, 無廉恥而耆飲食, 必曰君子固不用力, 是子游氏之賤儒也.

마지막으로 순자는 자신과 자신의 문파를 군자로 간주

해 그들과 대비하면서 결론을 맺습니다.

군자는 그렇지 않다. 편안해도 게으르지 않고, 수고스러워도 태만하지 않고, 원칙을 존중하며 변화에 대응하고, 우여곡절 속에서도 합당함을 얻으니, 그런 뒤에야 성인인 것이다.

彼君子則不然, 佚而不惰, 勞而不僈, 宗原應變, 曲得其宜, 如是然後聖人也.

순자가 생각하는 진정한 군자는 천한 유자와는 다릅니다. 편안하고 자연스러우면서도 게으르지 않고, 애써 일하면서도 긴장을 풀지 않습니다. 또한 근본 원리를 이해해 다양한 변화에 대처하고 어떤 변화도 적절히 처리할 줄 압니다. 순자는 이것이야말로 성인을 본받고 추종하는 옳은 방법이라고 주장합니다.

왕관학에서 제자학으로

「비십이자」에서 순자는 다른 학설에 대한 비판과 공격

을 통해 자신이 인정한 유가의 기본 입장을 강조하고 이상적인 군자의 내면과 외양을 묘사합니다. 이 밖에도 자신이 계승한 염옹 문파야말로 유가의 정통임을 내세웁니다. 자사, 자장, 자하, 자유의 문파는 모두 그가 인정한 유가의 기준에 부합하지 않는다는 것이지요. 특히 자사의 문파는 맹자의 활약으로 그 시대에 영향력이 매우 컸기 때문에 순자는 그들을 따로 떼어 '십이자' 안에 넣었습니다.

순자는 「비십이자」의 첫 단계에서 유가의 핵심 가치를 간결하면서도 명확하게 전달했습니다. '옛날에 벼슬하던 사대부'와 '옛날에 벼슬하지 않은 사대부'에 대해 서술하면서 '천명'을 거론하고 '군자가 할 수 있는 일과 할 수 없는 일'을 논했습니다.

둘째 단계에서는 유가 이외의 학파를 공격했는데, 상대적으로 표현이 그리 정확하거나 훌륭하지 못하고 몇 마디씩 지적만 하며 빠르게 넘어갑니다. 이는 그의 입장에 비춰 보면 부득이한 일이었습니다. 각 학파의 학설을 꼼꼼히 평하려면 웅변의 방식과 기교를 써야만 했을 테니까요. 하지만 순자는 웅변에 반대했고 전국시대에 유행한 웅변의 기풍을 세상을 망쳐 놓은 죄악으로 간주했습니다. 그래서 웅변을 쓸 수도 없고 쓰고 싶지도 않아 그저 강하고 직설적인 어투로 잘못을 꾸짖기만 했습니다. 그러니 진정한 논리를 펼칠 수가 없었던 것이지요.

셋째 단계에서는 매우 냉혹하고 완고하게 유가 안의 다른 문파를 공격하면서 비논리적인 면을 드러냈습니다. 글 속에서 우리는 자사, 맹자, 자장씨, 자하씨, 자유씨에 대한 그의 미움을 여실히 느낄 수 있습니다. 하지만 그 미움의 감정적 원인에 대한 설명은 눈에 띄지 않습니다. 사실 유가의 핵심 가치에 있어서 그들과 그 문파가 순자와 근본적인 커다란 차이를 갖는 것은 불가능했습니다. 하지만 바로 그 핵심적인 유사성으로 인해 내부의 투쟁과 경쟁이 오랫동안 계속되어 상호 간의 갈등이 해소될 수 없는 지경에 이르렀습니다. 그래서 순자는 그토록 혹독한 글로 다른 유가 문파의 죄악을 고발하게 된 겁니다.

순자의 목적은 대외적으로는 유가의 학설을 제자백가 중 가장 신뢰할 만하고 받아들일 가치가 있는 주장으로 만드는 것이었고, 대내적으로는 자신이 계승한 염옹 문파가 다른 문파를 누르고 유가의 유일한 대표자로 올라서게 하는 것이었습니다.

공자부터 순자까지 2백여 년 동안 유가는 커다란 변화를 겪었습니다. 오늘날 우리는 유가가 어떻게 '유가'라는 이름을 얻게 되었는지 자세히 알 방법이 없습니다. 물론 여러 다양한 학설이 있기는 합니다. 예를 들어 '유'儒가 장례를 주관하는 사람의 명칭이었다고도 하고, 특별히 공손하고 온화한 사람을 형용하는 말이었다고도 합니다. 그러나 사료를 보면 그런 견해는 그리 설득력이 없습니다. 사료를 통해 우리가 그나마 알 수 있는 신빙성 있는 사실은 첫째, 유가의 사상적 내용이 서주 봉건제도의 왕관학과 밀접한 관계가 있다는 것이며, 둘째, 유가의 수립에서 가장 중요한 역할을 한 인물이 공자라는 것입니다.

공자는 주나라의 봉건제도가 성립된 초기의 질서를 회복하는 것이 꿈이었기 때문에, 그의 신념은 서주의 귀족 교육에 그 기반을 두고 있었습니다. 하지만 그는 귀족 교육 체계를 보급하고 그것을 인격과 인품의 기본 양성 체계로 확장하는 동시에 그 체계의 외적 의식(예)을 내재화하는 인간의 정신적 각성과 수양을 강조했습니다.

그래서 교육의 내용과 그 교육에서 활용하는 자료에 있어서 유가는 스스로 창안해 낸 것이 없었습니다. 공자의 입장은 '성인의 말을 전할 뿐 자신의 학설은 지어내지 않는다' 述而不作여서, 기존의 왕관학 전통을 회복하고 빛내는 것만을 자신의 소임으로 삼았습니다. 『시경』, 『서경』書經, 『예기』禮

記,『악기』樂記,『역경』易經,『춘추』春秋는 유가의 전유물이 아니었습니다. 다른 모든 학파도 선택적으로 흡수하고 계승하고 활용한 공동의 유산이었습니다. 하지만 그 공동의 유산을 해석할 때, 특히 그 안에 내재된 원칙과 근본 이치를 드러낼 때 공자 이후로 유가는 전통적인 왕관학과는 사뭇 다른 입장과 태도를 취했습니다.

그래서 유가는 특수한 이중성을 보유했습니다. 한편으로는 기존 전통의 내용을 개량한 새로운 왕관학이었고, 다른 한편으로는 동주의 새로운 환경과 혼란에 대응해 나타난 '제자학'諸子學 중 가장 일찍 성립된 학파였습니다. '주례'周禮로 돌아가자는 그들의 주장은 단순한 계승을 뜻하지 않았습니다. 그것은 춘추시대의 변란에 대한 대응에서 비롯되었는데, 그들은 변란을 해결해 백성이 편안히 살도록 해 주려면 정신적인 측면에서 기존 전통을 부흥시키는 것이 가장 좋은 책략이라고 생각했습니다. 왕관학과 제자학이라는, 시대적으로도 내용적으로 다른 이 두 가지 지식의 조류가 유가에서 기묘하게 통합된 것입니다. 그들에게 왕관학과 제자학은 서로 뚜렷하게 구분되지 않는 동전의 양면이었습니다.

그러나 춘추시대에서 전국시대로 넘어오면서 주나라의 봉건제도는 더 심각하게 쇠퇴했고, 주나라의 전통문화도 점점 더 홀시되었습니다. 이에 따라 유가의 이중성도 바뀌지 않을 수 없었습니다. 왕관학을 계승한 부분은 갈수록 약화되었고, 상대적으로 제자학 부분은 우후죽순처럼 출현한 다른 학설들과 경쟁하면서 갈수록 강화되었습니다.

어떤 의미에서 유가는 점차 고유한 지위를 잃고 다른 제자백가와 동등해졌습니다. 하지만 또 다른 의미에서는 충분한 유연성을 갖추고 적절한 시기에 옛 전통과 거리를 두게되어, 결국 옛 전통과 함께 역사의 쓰레기통에 처박히지 않고 그 후로도 수백 년간 생존하고 발전할 수 있었습니다.

유가는 쓸모가 있는가

실용적이지 않으면 도태된다

『순자』의 「비십이자」와 「유효」儒效 두 편은 모두 다른 제자백가와 동등한 경쟁을 벌이는 과정에서 나온 사상적 산물입니다. 「비십이자」에서는 유가와 다른 제자백가의 차이를 구분하면서 먼저 유가 내부의 혼란한 경쟁 구도를 정리하려 했습니다. 그래서 자신이 계승한 염옹 문파의 정통성을 부각시키며 자사와 맹자 문파와 명확히 경계선을 그었지요. 그다음에는 「유효」에서 다시 유가의 주장이야말로 현실의 혼란과 고통에 대한 가장 옳고도 효과적인 대안이라고 표명

합니다.

『맹자』의 편명은 「양혜왕」梁惠王, 「이루」離婁, 「진심」盡心 등인데 딱히 특별한 뜻이 있지는 않습니다. 식별을 위해 각 편의 첫 번째 단어를 편명으로 삼은 것에 불과합니다. 『논어』의 「학이」學而, 「위정」爲政, 「옹야」雍也, 「선진」先進 등과 『시경』의 「관저」關雎, 「백목」柏木, 「부이」芣苢, 「장중자」將仲子 등도 마찬가지입니다. 이는 단순히 편집상의 편의를 위한 전통적인 습관이었습니다. 그런데 이 습관은 『순자』에 와서 달라졌습니다. 『순자』와 훗날의 『한비자』는 개인이 한 글자 한 글자 써 내려간 사적 저술로서 저자의 강한 주관적 의도가 담겼고, 그래서 각 편명에 간명한 요점과 글의 주제를 반영했습니다.

「유효」라는 편명은 어떤 핵심 문제, 즉 "유가는 어떤 쓸모가 있는가?"에 대한 답변입니다. 그것은 전국시대의 상황에서 유가가 반드시 답변해야만 했던 중대한 문제였습니다. 유가보다 늦게 나타난 제자백가는 모두 현실의 변화에 대응해 생겨났기 때문에 "어떤 쓸모가 있는가?"나 "어떤 현실적 기능이 있는가?"에 대한 답을 이미 기본적으로 갖고 있었습니다. 하지만 왕관학 전통을 이어받은 유가는 어쩔 수 없이 사람들에게 고리타분하고 보수적이며 비현실적이라는 인상을 주었습니다. 만약 유가의 관념이 전통을 이어받았을 뿐만 아니라 현실 문제에도 효과적으로 대응할 수 있다고 당시 사람들을 설득시키지 못한다면, 유가는 주변으로 밀려나거나 심지어 버려지고 도태될 위험이 있었습니다.

맹자의 지대한 공헌 중 하나는 청산유수 같은 웅변으로 유가의 핵심 가치인 '인의'仁義를 각국의 군주가 난세에 대처하는 데 활용할 수 있는 가장 효과적인 치국의 원칙으로 만든 것이었습니다. 인의로 나라를 다스리면 백성이 꿋꿋하게 군주를 지지하며 절대로 배신하지 않고, 다른 나라의 백성도 알아서 찾아와 의지하기 때문에 나라가 강해질 뿐만 아니라 천하를 통일할 수도 있다는 것이 그의 논리였습니다. 만약 "인의는 옳다"고만 호소했다면 맹자는 절대로 그 시대에 큰 명성을 얻지 못했을 겁니다. 그리고 그렇게 많은 군주를 만날 기회도 갖지 못했을 겁니다. "인의는 옳다" 외에 맹자는 "인의는 쓸모가 있다"는 개념까지 강조했습니다.

「유효」의 핵심적인 문제의식은 그 글에서 직접적으로 드러납니다. 그 첫 문장은 바로 "진소왕秦昭王이 순자에게 '유가는 나라에 아무 쓸모가 없지 않소?'라고 물었다"秦昭王問孫卿子曰: "儒無益於人之國?"입니다. 이 말은 『맹자』에서 맹자가 양혜왕을 처음 만났을 때 양혜왕이 처음 꺼낸 한마디를 상기시킵니다. 그는 "어르신이 천리를 멀다 않고 오셨으니, 역시 우리 나라를 이롭게 할 방도가 있겠지요?"叟不遠千里而來, 亦有利 於吾國乎?라고 했지요. '쓸모 있는' 주장과 책략을 원하고 필요로 하는 군주가 유가를 생각하면 먼저 떠오르는 것이 보통 "유가가 쓸모가 있을까?"라는 회의였습니다.

군주들은 시대가 변했음을 느꼈고, 빠르게 변화하는 새로운 환경은 그들 입장에서 위협적인 도전이었습니다. 그러니 조상 대대로 수백 년간 전해져 내려온 낡은 이치에 귀가 솔깃해질 리 없었습니다. 그들이 알던 유가는 옛날 이치를 고집하는, 그래서 쓸모없는 자들이었습니다. 만약 역사상의 유가가, 특히 맹자와 순자가 용감하고 힘차게 "유가는 쓸모가 있다"는 새로운 논리를 내세우지 않았다면 유가는 전국시대가 끝나기도 전에 자멸했을 겁니다.

대유의 전범, 주공

「유효」에서는 먼저 서주의 건국 이야기로 '유자'儒는 무엇인지, 또 '대유'大儒, 즉 위대한 유자는 무엇인지 설명합니다.

대유의 효험은 이러하다. 무왕武王이 죽었을 때 성왕成王이 아직 어려 주공周公이 성왕을 물리고 무왕을 계승해 천하를 물려받은 것은 세상 사람들이 주나라를 등지지 않을까 두려웠기 때문이다. 주공이 천자의 자리에 올라 원래 그래야 했던 것처럼 편안히 천하의 일을 처리했지만 세상 사람들은 탐욕스럽다고 하지 않았다. 관숙管叔을 죽이고 은나라를 텅 비웠는데도 세상 사람들은 포악하다고 하지 않았다. 그리고 천하를 통치하며 71개 나라를 세웠을 때 그중 희姬씨 성이 다스리는 나라만 53개였지만 세상 사람들은 편파적이라고 하지 않았다.

大儒之效: 武王崩, 成王幼, 周公屏成王而及武王以屬天下, 惡天下之倍周也. 履天子之籍, 聽天下之斷, 偃然如固有之, 而天下不稱貪焉; 殺管叔, 虛殷國, 而天下不稱戾焉; 兼制天下, 立七十一国, 姬姓獨居五十三人, 而天下不稱偏焉.

순자는 이 이야기가 대유의 효험이 무엇인지 보여 줄 것이라고 처음에 명확히 밝힙니다. 주무왕이 죽었을 때, 왕위를 이어야 할 성왕은 아직 나이가 어렸습니다. 이에 무왕의 아우 주공은 어린 왕이 즉위하면 막 세워진 주왕조가 불안해지고 세상 사람들이 복종하지 않을까 두려웠습니다. 그래서 성왕을 놔두고 자기가 직접 무왕의 뒤를 이어 천하를 통치했습니다.

주공은 천자의 지위에 올라 모든 사안을 처리하고 정책을 결정했습니다. 마치 그 자리와 권력이 본래 자신에게 속했던 것처럼 말이지요. 하지만 아무도 그가 자리와 권력을 탐한다고 욕하지 않았습니다. 그는 반란을 일으킨 형제인 관숙을 죽이고 상나라의 백성을 낙읍洛邑으로 이주시켜 본래 상나라의 도읍이었던 성을 텅 비게 만들기도 했습니다. 하지만 아무도 그가 잔인하고 포악하다고 욕하지 않았습니다. 또한 그는 천하를 관할하는 봉건제도를 만들어 모두 71개의 봉국封國을 세웠는데, 그중 무려 53개에 자기처럼 성이 희씨인 친족을 봉했습니다. 그런데도 아무도 그가 편파적이라고 욕하지 않았습니다.

이 이야기에서 순자는 주공이 무왕 사후에 직접 왕위에 올랐다는 견해를 채택합니다. "주공이 성왕을 물렸다"는 것은 도대체 무슨 뜻일까요? 성왕을 보좌하고 도왔다는 뜻일까요, 아니면 성왕을 밀어내고 자기가 천자가 됐다는 뜻일까요? 춘추전국시대 문헌에는 서로 다른 견해가 존재합니다. 하지만 나중에 '충군'忠君의 관념이 추앙을 받게 되면서 대부분 주공 같은 성현이 조카의 천자 자리를 빼앗았을 리 없고 그저 '보좌'만 했을 것이라고 입을 모아 얘기하게 됐지요. 그래서 순자가 여기에서 채택한 견해는 점점 더 지지하는 사람이 줄어들었습니다.

어쨌든 순자는 주공이 마땅히 지켜야 할 원칙을 준수하지 않고 파격적으로 천하를 다스리는 책임을 짊어진 것에 주목합니다. 그리고 주공의 그런 선택은 당시 시국에 부합했기 때문에 아무도 그가 부당하다거나 옳지 않다고 비난하지 않았다고 말합니다.

주왕은 성왕을 가르치고 이끌어 도를 깨닫게 하여 능히 문왕과 무왕의 족적을 답습하게 했다. 그리고 주나라와 왕위를 성왕에게 돌려주어 세상 사람들이 계속 주나라를 섬기게 했으며 자기는 신하로 돌아가 성왕을 모셨다.

敎誨開導成王, 使諭於道, 而能揜迹於文武. 周公歸周, 反籍於成王, 而天下不輟事周, 然而周公北面而朝之.

천자의 자리에 있으면서 주공은 어린 성왕을 가르쳐 보편적인 도리를 이해하게 하고 문왕과 무왕이 남긴 업적을 계승하게 했습니다. 그러고서 주나라를 성왕에게 돌려주었죠. 이처럼 그는 주나라를 난관에서 벗어나게 하고 종주국으로서의 지위를 굳건히 다졌으며, 성왕이 즉위한 뒤에는 신하의 자리로 돌아가 성왕을 성심껏 보좌했습니다.

천자의 자리는 나이가 어려서는 감당할 수 없고 다른 사람이 임시로 대신할 수도 없다. 천자가 잘 다스리면 천하가 그를 따르고 잘못 다스리면 천하가 그를 떠난다.

天子也者, 不可以少當也, 不可以假攝爲也. 能則天下歸之, 不能則天下去之.

주공은 왜 그렇게 했을까요? 천자는 그 자리만으로 사람들을 굴복시킬 수가 없기 때문이었습니다. 그 자리에 맞는 뛰어난 능력이 필요했습니다. 그래서 어린 성왕을 그 자리에 앉힐 수 없었고, 다른 사람을 시켜 성왕을 대행하게 할 수도 없었습니다.

그래서 주공이 성왕을 물리고 무왕을 계승해 천하를 물려받은 것은 세상 사람들이 주나라를 등지지 않을까 두려웠기 때문이다. 성왕이 관례를 치르고 성인이 되자 주공은 주나라와 왕위를 돌려주고 주군을 멸하지 않는 도의를 밝혔다.

是以周公屛成王而及武王以屬天下, 惡天下之離周也. 成王冠, 成人, 周公歸周反籍焉, 明不滅主之義也.

성왕이 성인이 되어 능력을 갖추자마자 주공은 그에게 권력을 이양했습니다. 그래서 자신의 처사가 임시방편이었을 뿐, 절대로 신하의 신분으로 군주를 해치려는 의도가 아니었음을 분명히 밝혔습니다.

주공은 천하를 갖지 않게 되었으니, 전에 천하를 가졌다 나중에 갖지 않게 된 것은 멋대로 그런 것이 아니었다. 또 성왕이 전에 천하를 못 가졌다 나중에 갖게 된 것은 빼앗은 것이 아니었다. 권력이 바뀐 순서는 예법에 의해 그렇게 된 것이다.

周公無天下矣, 鄕有天下, 今無天下, 非擅也; 成王鄕無天下, 今有天下, 非奪也; 變勢次序節然也.

주공이 천하를 다스리다가 나중에 그 권력을 내놓은 것은 권력을 전횡하고 탐했기 때문이 아니었습니다. 성왕이 본래 그 권력이 없다 나중에 생긴 것도 주공에게서 그것을 빼앗았기 때문이 아니었습니다. 그들 사이의 권력과 지위의 교체는 모두 당시 정세에 부합했고, 일정한 이치에 따라 진행되었습니다.

따라서 주공은 방계의 신분으로 주계主系(성왕)를 대신했지만 분수에 넘치지는 않았고, 동생으로서 형(관숙)을 죽였지만 포악하지는 않았으며, 군주와 신하의 자리를 바꾸었지만 순리에 어긋나지는 않았다. 주공은 천하의 평화로움을 바탕으로 문왕과 무왕의 업적을 이루고 방계와 주계의 의리를 밝혔으니, 변화를 겪기는 했지만 천하는 시종일관 한결같았다. 이는 성인이 아니면 할 수 없는 일인데, 이것을 대유의 효험이라 일컫는다.

故以支代主而非越也, 以弟誅兄而非暴也, 君臣易位而非不順也. 因天下之和, 遂文武之業, 明支主之義, 抑亦變化矣, 天下厭然猶一也. 非聖人莫之能爲, 夫是之謂大儒之效.

주공은 종법상으로 방계 신분이었습니다. 그런데도 적장자인 무왕의 아들을 대신해 천자가 되었지만 그것은 참람한 짓이 아니었습니다. 또한 친형제인 관숙을 죽이긴 했지만 관숙은 다른 형제인 채숙蔡叔, 곽숙霍叔과 함께 상나라의 잔여 세력을 이끌던 무경武庚과 손을 잡고 반란을 일으켰으므로 그를 죽인 것은 포악한 짓이 아니었습니다. 그리고 신하로서 천자의 자리에 오르긴 했지만 당시 형세에 대응해 어쩔 수 없이 행한 일이었고 다시 그 자리를 성왕에게 돌려주었으므로 역시 예에 어긋난 짓은 아니었습니다. 그랬기 때문에 그사이 천하는 아무 일 없이 평화로울 수 있었습니다. 이것은 주공 같은 성인 혹은 대유가 아니면 할 수 없는 일이었습니다.

한 명의 대유는 그 위대함이 이 정도입니다. 국가의 존망이 달린 중요한 시기에 혈연적 신분 관계까지 뛰어넘어 천자가 되어서 막대한 책임을 지고 천하를 안정시킬 수 있습니다. 그러고서 권력에 연연하지 않고 도리와 현실적 조건에 맞춰 이미 장성한 군주에게 주저 않고 최고의 지위를 내준 뒤 담담하게 신하의 신분으로 돌아갈 수도 있습니다.

순자는 필경 유가였습니다. 그가 계승한 유가 전통은 주공을 숭배하고 주공이 세운 봉건 예법으로 돌아가고자 하는 것이었습니다. 그의 마음속에서 주공은 '유자 중에 가장 위대한 자'儒之最大者이자 유자의 극치였습니다. 유가의 역사관에 따르면 문왕의 공로는 인격과 지혜에 힘입어 주나라를 강대하게 만든 데 있습니다. 또한 무왕의 공로는 성공적으로 주왕紂王을 토벌해 상나라를 멸한 데 있습니다. 하지만 주나라 본연의 제도와 문화의 수립은 주공의 손에서 비로소 완성되었습니다.

유자는 어디에서나 통한다

진나라 소왕이 순자에게 "유가는 나라에 아무 쓸모가 없지 않소?"라고 물었다. 이에 순자는 말했다. "유자는 선왕을 본받고, 예의를 숭상하고, 신하 노릇에 신중하고, 윗사람을 귀히 여기는 사람입니다."

秦昭王問孫卿子曰: "儒無益於人之國?" 孫卿子曰: "儒者法先王, 隆禮義, 謹乎臣子而致貴其上者也."

여기에서 진소왕이 순자에게 던진 질문에는 당시 많은 사람들의 관점이 반영되어 있습니다. 유가는 낡은 주장, 낡은 견해여서 시대의 변화를 쫓아갈 수 없다는 것이었지요. 비록 많은 이치를 이야기하고 무엇 하나 틀린 말이 없긴 하지만 부국강병의 현실적 필요와 관련해서는 전혀 쓸모가 없고 아무 기여도 못한다는 것이 치명적인 약점이라고 생각했습니다.

이런 무례한 질문에 순자는 먼저 세 가지 특징을 들어 유자가 무엇인지 정의함으로써 진소왕이 생각하고 비판하는 유자와 진정한 유자는 다르다고 설명합니다. 유자의 첫 번째 특징은 '선왕을 본받는 것', 즉 상고시대의 성군을 믿고 배우고 모방하는 것입니다. 다시 말해 그들의 배후에 있는 전통에 주목하고 단순히 현실적 공리와 이치만 살피지는 않는다는 것입니다. 두 번째 특징은 예의를 핵심 가치로 삼고 가장 중요하게 여기는 겁니다.

마지막으로 세 번째 특징은 신중하게 신하의 역할을 행하면서 영광과 존귀함을 군주에게 돌리는 것입니다.

"군주가 등용해 주면 그들은 조정에 있으면서 적절히 처신할 것이고, 등용해 주지 않으면 물러나 백성과 함께 성실히 지내며 반드시 순종하며 살 것입니다. 곤궁하여 춥고 배가 고파도 반드시 나쁜 길에 빠져 탐욕을 부리지는 않을 것이며, 송곳 하나 꽂을 땅조차 없어도 나라를 유지하기 위한 대의를 밝힐 것입니다."

"人主用之, 則勢在本朝而宜; 不用則退編百姓而慤, 必爲順下矣. 雖窮困, 凍餧, 必不以邪道爲貪; 無置錐之地, 而明於持社稷之大義."

이처럼 유자는 나랏일에 참여할 때도, 참여하지 않을 때도 나라에 보탬이 되는 현명하고 도덕적인 이들입니다.

"큰소리로 주장해 아무 응답이 없을지라도 그들은 만물을 관리하고 백성을 부양하는 이치를 훤히 알고 있습니다. 그래서 권세가 남보다 위에 있으면 제후가 될 재목이고, 남보다 밑에 있으면 나라의 신하로서 군주의 보배가 될 것입니다. 비록 외진 곳의 누추한 집에 묻혀 있어도 사람들의 존경을 받으니, 이는 진실로 귀한 도를 간직하고 있기 때문입니다."

"嗃呼而莫之能應, 然而通乎財萬物, 養百姓之經紀. 勢在人上, 則王公之材也; 在人之下, 則社稷之臣, 國君之寶也. 雖隱於窮陋漏屋, 人莫不貴, 貴道誠存也."

동시에 유자는 온갖 일을 처리하고 백성을 살리는 원칙과 이치를 훤히 꿰뚫고 있어서 지위가 높든 낮든 충분히 능력을 발휘할 수 있습니다. 그래서 그들은 모두에게 존중과 존경을 받는 영향력 있는 인재입니다.

"공자가 사구司寇의 벼슬을 맡게 되자 심유씨沈猶氏는 감히 아침에 양에게 물을 먹이지 못했고, 공신씨公慎氏는 아내를 쫓아냈으며, 신궤씨慎潰氏는 국경을 넘어 이주했고, 노나라에서 소와 말을 팔던 사람들은 감히 값을 속이지 못하고 잘못을 바로잡고서 그를 기다렸습니다."

"仲尼將爲司寇, 沈猶氏不敢朝飲其羊, 公慎氏出其妻, 慎潰氏踰境而徙, 魯之粥牛馬者不豫賈, 脩正以待之也."

또 한 명의 대유인 공자도 바로 이런 무형의 존귀한 영향력을 가진 인물이었습니다. 옛날에 그가 노나라에서 치안과 질서를 담당하는 사구직을 맡게 되자, 그가 취임도 하기 전에 노나라의 일부 간악한 자들은 즉시 반응을 보였습니다.

심유씨라는 사람은 아침에 양에게 잔뜩 물을 먹여 무게를 높인 뒤 시장에 끌고 가서 파는 방법으로 좀 더 비싼 값을 받았다고 합니다. 그런데 공자가 사구가 된다는 소식을 듣자마자 감히 양에게 물을 먹이지 못했습니다. 공신씨 같은 경우는 아내가 음란한데도 본래 관여하지 못했고 관여할 마음도 없었는데, 이때 비로소 아내와 인연을 끊기로 결심했습니다. 평소에 사치와 낭비가 심하고 나쁜 짓을 일삼던 신궤씨는 놀라서 부랴부랴 노나라를 떠나 다른 나라로 이주했습니다. 마지막으로 노나라 전역에서 소와 말을 팔던 사람들은 감히 멋대로 값을 올리던 것을 포기하고 공자가 취임하기 전에 서둘러 잘못된 행태를 스스로 바로잡았습니다.

"공자가 궐당闕黨이라는 곳에 살 때 그곳의 자제들이 물고기와 동물을 잡아 분배하면서 부모를 모시는 사람에게 더 많이 주었습니다. 이는 공자가 효도와 우애의 정신으로 그들을 교화했기 때문입니다. 유자는 조정에 있으면 정치를 아름답게 하고 낮은 자리에 있으면 풍속을 아름답게 합니다. 유자가 낮은 자리에 있으면 이와 같습니다."

"居於闕黨, 闕黨之子弟, 罔不分, 有親者取多, 孝弟以化之也.

儒者在本朝則美政, 在下位則美俗. 儒之爲人下如是矣."

여기에서 순자는 공자의 예를 들어 유자가 주변 사람들에게 미치는 교화의 효과를 설명하고 있습니다.

진소왕이 "그러면 유자가 높은 자리에 있으면 어떠한가?"라고 물었다. 이에 순자가 답했다. "유자가 높은 자리에 있으면 넓고 위대해집니다! 마음속으로는 의지를 굳건하게 하고, 조정에서는 예절을 행하고, 관청에서는 법칙과 기준을 바르게 하니, 아래에서는 충성과 믿음과 자애와 이로움이 나타날 것입니다."

王曰: "然則其爲人上何如?" 孫卿曰: "其爲人上也, 廣大矣! 志意定乎內, 禮節脩乎朝, 法則度量正乎官, 忠信愛利形乎下."

이어서 진소왕은 궁금한 듯 유자가 높은 자리에 있으면 무슨 일이 생겨나는지 물어보았습니다. 이에 순자는 우선 "그러면 그 영향이 아주 클 겁니다!"라고 탄성을 지릅니다.

높은 자리에 오른 유자는 명확하고 굳은 의지로 조정에서는 정연하게 예절을 행하고 관청에서는 규칙과 제도에 맞게 일을 처리합니다. 그 결과 백성은 충성과 믿음과 자애(친족에 대한 자애)와 이로움(다른 사람을 돌봐서 생기는 이로움)의 미덕을 발휘하게 됩니다.

"그는 한 가지 불의한 일을 행하고 한 명의 무고한 사람을 죽여 설령 천하를 얻을 수 있다 해도 하지 않습니다. 이런 군자의 의로움은 사람들에게 믿음을 주고 온 천하에 알려져 세상 사람들이 입을 모아 호응할 겁니다. 이는 무엇 때문이겠습니까? 그의 존귀한 명성이 밝혀져 세상 사람들이 그렇게 하고 싶어하기 때문입니다."

"行一不義, 殺一無罪, 而得天下, 不爲也. 此君子義信乎人矣, 通於四海, 則天下應之如讙. 是何也? 則貴名白而天下願也."

어떻게 백성을 자애롭고 이롭고, 충성하고 믿게 만들 수 있을까요? 높은 자리에 있는 유자 자신이 극도로 원칙에 충실하여 백성에게서 극도의 신뢰를 얻으면 됩니다. 어느 정도로 원칙을 고수하는가 하면, 그는 천하를 다스리는 권력을 얻을 수 있다고 하더라도 결코 자기가 옳다고 생각하지 않는 일은 한 가지도 하지 않고, 무고한 사람은 단 한 명도 죽이지 않습니다. 그래서 백성은 그가 부적절하거나 공적 원칙에 어긋나는 일을 할 리 없다고 신뢰하고, 온 천하에 그런 명성이 퍼져 어느 곳에 사는 사람이든 그를 지지하고 존경하게 됩니다.

"그래서 가까이 사는 사람은 그를 찬송하고 즐거워하며 멀리 사는 사람은 다리 힘이 다하도록 그에게 달려옵니다. 온 세상이 마치 한집안 같고 길이 통하는 곳에 살기만 하면 그에게 복종하지 않는 사람이 없습니다. 그는 사람들의 스승이라 일컬어집니다. 『시경』에서 '동서남북에서 복종하지 않는 사람이 없네'라고 했는데, 바로 이를 두고 한 말입니다."

"故近者歌謳而樂之, 遠者竭蹶而趨之. 四海之內若一家, 通達之屬, 莫不從服. 夫是之謂人師. 『詩』曰: '自西自東, 自南自北, 無思不服.' 此之謂也."

이런 높은 자리에 있는 유자는 사람들의 진정한 귀감으로서 통치자를 넘어 스승의 역할까지 합니다. 그 존재만으로 백성을 가르쳐 올바른 사람으로 변화시킵니다.

"유자는 남보다 낮은 자리에 있으면 저러하고 남보다 높은 자리에 있으면 이러한데, 어찌 나라에 아무 쓸모가 없겠습니까?" 순자의 이 물음에 소왕은 "좋은 말일세!"라고 답했다.

"夫其爲人下也如彼, 其爲人上也如此, 何謂其無益於人之國也?" 昭王曰: "善!"

유자와 유가는 공자 시대에는 특수한 왕관학 훈련을 받은 '사인'士人을 가리켰습니다. 그들은 예와 정치의 도를 잘 알아서 군주와 대부를 보좌할 수 있었습니다. 그런데 순자 시대에 와서는 유자의 의미가 크게 바뀌었습니다. 순자는 주공 같은 과거의 군주도 대유라고 하여 역시 유자로 간주하면서, 유자가 군주같이 높은 자리에 있으면 어떤 역할을 하는지 진소왕에게 설명해 주었습니다. 지위와 권력을 갖고 옳은 방식으로 권력을 이용해 위기를 해결하고 백성을 복되게 하는 사람은 공자의 개념에서는 유자가 아니라 '성인'이었습니다.

이때에 와서 유자는 일종의 특수한 태도를 가리키는 명

칭으로 바뀌었습니다. 본래 사인의 신분과는 무관해져 군주도 유자가 될 수 있고 유자도 군주를 맡을 수 있다는 인식에 이르렀습니다. 이로부터 우리는 전국시대 사회적 유동성의 범위와 정도가 춘추시대를 훨씬 능가했음을 확인할 수 있습니다. 신분에 대한 고려와 제한이 대폭 느슨해진 것이죠.

유가는 한 걸음 더 나아가 제자백가 가운데 하나가 되어 본래의 왕관학 전통과 갈수록 멀어졌습니다. 일종의 태도와 주장으로서 유가는 법가와 이미 근본적 차이를 찾아볼 수 없게 되었습니다. 군주는 법가의 학설을 받아들여 '법가적 군주'가 될 수 있었으므로, 순자는 당연히 유가의 주장을 받아들여 '유가적 군주'도 될 수 있다고 생각했습니다. 그래서 앞의 글에서 진소왕에게 그런 것처럼 군주가 유가를 지지하고 수용하게 하려고 애썼던 것입니다.

평가와 선택과 분배의 예술

선왕의 도는 인仁의 융성함으로, 중中에 따라 행해진다. 무엇을 중이라 하는가? 예의가 그것이다. 도는 하늘의 도도, 땅의 도도 아니고 사람의 근본인 도이며 군자의 도다.

先王之道, 仁之隆也, 比中而行之. 曷謂中? 曰: 禮義是也. 道者, 非天之道, 非地之道, 人之所以道也, 君子之所道也.

이어지는 이 단락은 매우 중요합니다. 순자는 왜 유자가 "선왕의 도를 본받아야 하는지" 설명합니다. 선왕이 수립한 원칙은 인仁의 최고 표현으로, 인을 행하는 관건은 중中을 따르는 것입니다. 중이라는 글자는 고문에서 줄곧 두 가지 의미로 쓰였습니다. 하나는 '중간'으로, 양극단에 있지 않고 평균적으로 균형을 이루는 위치를 얻는 것이지요. 다른 하나는 '명중'으로, 가장 적당한 방법을 정확히 찾아내는 겁니다.

그래서 순자는 중이란 무엇이며 어떻게 중을 따라야 하는지 이야기합니다. 중은 바로 예의입니다. 맹자는 습관적으로 인의를 얘기하고 순자는 습관적으로 예의를 얘기했는데, 이 두 단어는 두 사람의 기본적인 차이를 보여 줍니다. "의는 옳은 것이다"義者誼也라는 말에서도 보이듯이 의는 정확하고 옳은 행위를 뜻합니다. 맹자의 의는 인간의 내적인 자연스러운 감정에서 비롯되며, 인류의 감정에서 의의 판단이 도출됩니다. 그런데 순자의 의는 기존의 예의 규범에서 비롯됩니다. 자신의 본분을 잘 알고 신분과 지위에 상응하는 예에 따라 일을 행하는 것이야말로 의입니다. 그래서 그는 앞에서 유자에 관해 이야기하면서 유자가 낮은 자리에 있을 때와 높은 자리에 있을 때를 나누어 서술한 겁니다. 순자는 지위의 차이를 중요시했습니다. 본분을 떠나서는 행위의 시비와 선악을 보편적으로 논할 방법이 없다고 생각했지요.

그러고서 순자는 도에 대한 도가의 견해를 명확하게 반박합니다. 도는 도가가 주장하는 것처럼 천지자연의 이치나 원칙이 아니라는 것이지요. 진정으로 의미 있는 도는 사람이 가는 길, 사람이 따라야만 하는 길, 그 길이 아니면 나아갈 수 없는 길이자 군자가 사람들을 인도해 가도록 하는 길이라고 말합니다.

군자가 현명하다고 하는 것은 남들이 할 수 있는 것을 다 할 수 있다는 뜻이 아니고, 군자가 지혜롭다고 하는 것은 남들이 아는 것을 다 알 수 있다는 뜻이 아니고, 군자가 말을 잘한다고 하는 것은 남들이 하는 말을 다 할 수 있다는 뜻이 아니고, 군자가 잘 살핀다고 하는 것은 남들이 살피는 것을 다 살필 수 있다는 뜻이 아니다. 한도가 있다.

君子之所謂賢者, 非能徧能人之所能之謂也; 君子之所謂知者, 非能徧知人之所知之謂也; 君子之所謂辯者, 非能徧辯人之所

辯之謂也; 君子之所謂察者, 非能徧察人之所察之謂也. 有所止
矣.

군자는 전지전능하지 않고 그럴 필요도 없습니다. 달리
말하면 모든 것을 알고 할 수 있어야만 높은 자리에서 권력
을 행사할 수 있는 것이 결코 아니며, 군자는 잘하는 것이 정
해져 있습니다. 그는 모든 것을 잘하지도, 잘 알지도, 잘 말
하지도, 잘 살피지도 못합니다. 군자도 능력의 한계가 있습
니다.

땅의 높고 낮음을 보고 땅이 거친지 기름진지 살피며 여러
가지 곡식을 심는 순서를 결정하는 것은 군자가 농부만 못
하다. 물건을 유통하고 품질이 좋은지 나쁜지 보며 값이 비
싼지 싼지 판별하는 것은 군자가 상인만 못하다. 곱자와 걸
음쇠, 먹줄을 편리하게 사용하는 것은 군자가 장인만 못하
다. 시비와 상관없이 사실이 그러한지 아닌지 따져 상대
방을 억누르고 모욕을 주는 것은 군자가 혜시와 등석만 못
하다.

相高下, 視墝肥, 序五種, 君子不如農人; 通財貨, 相美惡, 辯貴

賤, 君子不如賈人; 設規矩, 陳繩墨, 便備用, 君子不如工人; 不
恤是非, 然不然之情以相薦撙, 以相恥怍, 君子不若惠施鄧析.

군자 혹은 유자의 능력은 선택적이며 어떤 포인트가 있
습니다. 농사를 짓거나 물건을 팔거나 측정 도구를 능숙히
다루는 일은 당연히 농부, 상인, 장인보다 못합니다. 진정한
옳고 그름은 차치하고서 검은 것은 희다 하고 틀린 것은 맞
다 하며 입으로만 상대를 이겨 먹는 점에서도 혜시와 등석
같은 명가에 못 미칩니다.

군자와 유자는 일반적인 책사나 유세객이 아닙니다. 침
을 튀기면서 말을 위한 말을 일삼고 군주 앞에서 다른 사람
을 압도하며 부귀를 취하려 하지 않습니다. 유자는 그런 일
에 능하지 못합니다. 나아가 더 깊은 의미에서 보면 유자는
그런 일을 경시합니다.

그런 일은 군자가 하려는 일이 아니며 군자가 중시하는
능력과도 상관이 없습니다. 군자가 능숙하게 가장 잘할 수
있는 일은 이렇습니다.

사람의 덕을 판단하여 차례를 정하고, 능력을 헤아려 벼슬
을 주고, 현명한 사람과 못난 사람 모두 그에 맞는 지위를

얻게 하고, 유능한 사람과 무능한 사람 모두 그에 맞는 벼슬을 얻게 하고, 만물이 그에 맞는 조치를 얻게 하고, 사물의 변화가 그에 맞는 대응을 얻게 하고, 신도와 묵적 같은 자가 주장을 못 내놓게 하고, 혜시와 등석 같은 자가 설치지 못하게 한다. 말은 반드시 이치에 맞게 하고 일은 반드시 직분에 맞게 하는 것, 이것이 군자가 잘하는 일이다.

若夫謫德而定次, 量能而授官, 使賢不肖皆得其位, 能不能皆得其官, 萬物得其宜, 事變得其應, 愼墨不得進其談, 慧施鄧析不敢竄其察. 言必當理, 事必當務, 是然君子之所長也.

여기에서 순자는 유자의 핵심 능력을 하나하나 열거합니다. 확실히 유자는 쓸모가 있어 보입니다. 사람의 덕과 능력을 비교해 그 높고 낮음에 따라 벼슬과 지위를 분배하고, 만물과 사물의 변화에도 그 기본 성격에 맞춰 적절히 대응하는 것이야말로 유자가 가장 잘하는 일입니다. 이런 일에 관해서는 말 잘하는 신도나 묵적 같은 이도 유자 앞에서 감히 입을 열지 못합니다. 분석 잘하는 혜시와 등석 같은 이도 역시 유자 앞에서 방자하게 궤변을 늘어놓지 못하지요.

무릇 일을 행할 때는 이치에 따라 유익한 것은 세워 주고 이치에 따라 무익한 것은 내치는데, 이것을 가리켜 중사中事라 한다. 무릇 지식과 학설은 이치에 따라 유익한 것은 행해지고 이치에 따라 무익한 것은 버려지는데, 이것을 가리켜 중설中說이라 한다. 일을 행하는 데 들어맞지 않으면 간사奸事라 하고, 지식과 학설이 들어맞지 않으면 간도奸道라 한다. 간사와 간도는 잘 다스려지는 세상에서는 버려지고 어지러운 세상에서는 따르게 된다.

凡事行, 有益於理者, 立之; 無益於理者, 廢之, 夫是之謂中事. 凡知說, 有益於理者, 爲之; 無益於理者, 舍之, 夫是之謂中說. 事行失中謂之奸事, 知說失中謂之奸道. 奸事奸道, 治世之所棄而亂世之所從服也.

유가의 수완은 평가를 통해 정확히 선택하는 데 있습니다. 일과 행위에 있어 이치에 따라 유익한지 아닌지 평가하여 유익한 것은 택하고 무익한 것은 버립니다. 이렇게 하는 것을 중사, 즉 일에 들어맞게 하는 것이라고 합니다. 지식과 학설도 마찬가지로 받아들일 만한지 아닌지 평가하여 선택하는데, 이렇게 하는 것을 중설, 즉 말에 들어맞게 하는 것이라고 합니다. 만약 이치에 따라 정확히 일을 행하지 못하면, 그것은 중사와 상반되는 간사, 즉 간악한 일이라고 합니다. 이치에 따라 정확히 지식과 학설을 받아들이지 못하면, 그것은 중설과 상반되는 간설(간도), 즉 간악한 말이라고 합니다. 질서 있는 사회는 간사와 간설을 폐기합니다. 하지만 혼란하고 무질서한 사회는 간사와 간설에 복종합니다. 다른 관점에서 보면 간사와 간설은 사회를 혼란하고 무질서하게 만드는 원인이기도 합니다.

충실한 것과 공허한 것을 뒤바꾸기도 하고 단단한 것과 흰 것, 다른 것과 같은 것을 따로 떨어뜨려 놓기도 한다. 그런 주장은 밝은 귀로도 들을 수 없고 밝은 눈으로도 볼 수 없으며 말 잘하는 사람도 말할 수 없다. 성인의 지혜로도 명확히 설명할 수가 없다.

若夫充虛之相施易也, 堅白同異之分隔也, 是聰耳之所不能聽也, 明目之所不能見也, 辯士之所不能言也, 雖有聖人之知, 未能僂指也.

어지러운 세상이 복종하는 간설의 예는 허와 실, 유와

무를 뒤바꿀 수 있다고 주장하는 학설입니다. 이 학설은 분명히 도가 이론입니다. 간설의 또 다른 예는 단단한 것堅(물체의 재질)과 흰 것白(물체의 색깔)을 따로 분리해서 취급하고 같음同과 다름異을 철저히 상대적으로 본 학설입니다. 이것은 분명히 명가를 가리킵니다. 이런 간설은 상식과 거리가 멀어서 도저히 알아들을 수가 없고, 심지어 성인의 지혜로도 조리 있게 설명할 방법이 없습니다.

이런 것을 몰라도 군자는 지장이 없고 이런 것을 알아도 소인은 달라질 것이 없다. 장인이 이런 것을 몰라도 기술에는 지장이 없고 군자가 이런 것을 몰라도 다스리는 데에는 지장이 없다. 하지만 왕공이 이런 것을 좋아하면 법이 어지러워지고 백성이 이런 것을 좋아하면 하는 일이 어지러워진다. 그런데 미치고 미혹되고 어리석고 비루한 자는 무리를 이끌며 그런 주장을 하고 비유를 들어 밝히면서 늙고 자식이 다 크도록 악한 일인 줄을 모른다.

不知, 無害爲君子; 知之, 無損爲小人. 工匠不知, 無害爲巧. 君子不知, 無害爲治. 王公好之則亂法, 百姓好之則亂事. 而狂惑戇陋之人, 乃始率其群徒, 辯其談說, 明其辟稱, 老身長子, 不知惡也.

간설은 쓸모없을 뿐만 아니라 해롭기까지 합니다. 간설을 몰라도 군자는 여전히 군자이며 아무 지장이 없습니다. 간설을 알아도 소인은 여전히 소인이며 아무 좋은 점이 없습니다. 그리고 간설을 몰라도 장인은 그의 손재주와 기술에 전혀 영향이 없으며, 간설을 몰라도 통치자는 나라를 잘 다스리는 데에 아무 지장이 없습니다.

반대로 권력과 지위가 있는 왕공이 혹여 간설을 좋아하면 법이 어지러워지고, 일반 백성이 간설을 좋아하면 본업과 본분에 지장이 생깁니다. 그런데 방자하고 멍청하고 어리석고 무지한 자가 무리를 이끌며 자신의 간설을 온갖 설명과 비유와 증명을 동원해 퍼뜨립니다. 그 무익하고 유해한 것을 평생토록 붙잡고 놓을 줄을 모르지요.

그런 자는 가장 어리석은 자이며, 닭과 개를 감별하는 사람만큼도 유명해지지 못한다. 『시경』에서 "귀신이나 물여우라면 남들이 못 볼 텐데. 얼굴과 눈이 있어 남들에게 어지러운 마음을 보이네. 이 선량한 노래를 지어 당신의 비뚤어진 짓을 바로잡고자 하네"라고 한 것이 이를 가리킨다.

夫是之謂上愚, 曾不如相雞狗之可以爲名也.『詩』曰: "爲鬼爲蜮, 則不可得. 有靦面目, 視人罔極. 作此好歌, 以極反側." 此之謂也.

평생토록 무익하고 유해한 것을 붙잡고 있는 것만큼 어리석은 짓이 어디 있겠습니까? 스스로 지식과 학문이 있다고 생각하지만 실제로는 병아리가 건강한지, 개가 집을 지킬 만한지 감별하는 사람만큼도 명성을 얻지 못합니다. "닭과 개를 감별하는" 사람은 그나마 진짜 능력이 있지만 간설을 믿는 사람은 그저 입으로만 으스댈 뿐입니다.『시경』소아小雅「하인사」何人斯에서는 "만약 당신이 요괴나 귀신이라면 사람들이 당신을 못 볼 텐데. 하지만 어쨌든 당신은 얼굴과 눈이 있어 남들이 당신을 못 보고 속을 리 없네. 일부러 이시를 지은 것은 당신이 너무 미천한 짓을 저지르기 때문이라네"라고 했습니다. 이것은 바로 그런 사람을 비판하는 구절입니다.

누구나 배우면 요순이 될 수 있다

앞에서는 사회와 국가의 관점에서 유자의 효용과 역할에 관해 논의하며 진소왕의 질문을 인용해 당시 군주들이 유가에 대해 갖고 있던 편견과 오해를 반박했습니다. 이어서 순자는 개인적인 입신양명의 관점에서 유자의 역할을 이야기합니다.

누가 "저는 천하지만 귀하게 되고 싶고, 어리석지만 지혜로워지고 싶고, 가난하지만 부자가 되고 싶은데 가능하겠습니까?"라고 물었다. 이에 답하길, "그것은 오로지 배움으로 가능하다! 배움을 행하면 사인이 되고, 성심껏 떠받들면 군자가 되고, 알면 성인이 된다. 위로는 성인이 되고 아래로는 사인과 군자가 되니 누가 나를 막을 수 있겠는가!"라고 했다.

我欲賤而貴, 愚而智, 貧而富, 可乎? 曰: "其唯學乎! 彼學者, 行之, 曰士也. 敦慕焉, 君子也. 知之, 聖人也. 上爲聖人, 下爲士君子, 孰禁我哉!"

누가 순자에게 "출신은 안 좋지만 출세하고 싶고, 머리는 텅 비었지만 지혜롭게 되고 싶고, 빈털터리지만 부자가 되고 싶은데 할 수 있겠습니까?"라고 물었습니다. 이에 순자는 "할 수 있다. 가장 좋고, 심지어 유일한 방법이 바로 배움 學이다"라고 답했습니다. 그런데 배움에는 세 단계가 있습니다. 배움을 알고 실천하면 사인이 될 수 있습니다. 그리고 진심으로 동경하며 확실하게 배우면 군자가 될 수 있고, 철저히 배움을 파악하면 성인이 될 수 있습니다. 배움을 통해 적어도 사인이 될 수 있고, 가장 높게는 성인이 될 수 있으며, 이 모든 것은 자신의 결심과 노력에 달렸는데, 누가 나를 막을 수 있겠습니까?

개인적인 관점에서도 유가는 효용성이 큽니다. 왜냐하면 유가는 배움을 강조하기 때문입니다. 특히나 배움은 첫째로는 남의 제약을 받지 않고 스스로 결정해 실천할 수 있으며, 둘째로는 기존의 현실적 한계를 뛰어넘어 사람을 "천하지만 귀하게, 어리석지만 지혜롭게, 가난하지만 부유하게" 만든다고 역설합니다.

예전에 아무것도 모르던 사람이 갑자기 요임금이나 우임금과 나란하게 되었다면 어찌 천한 사람이 귀한 사람이 된 것이 아니겠는가? 예전에 문과 방도 분별할 줄 모르던 사람이 갑자기 인의를 바탕으로 옳고 그름을 구분하고 흑백을 알아보듯 쉽게 천하를 운영하게 되었다면 어찌 어리석은 사람이 지혜로운 사람이 된 것이 아니겠는가? 또한 예전에 빈털터리였던 사람이 갑자기 천하를 다스리는 큰 그릇을 갖게 되었다면 어찌 가난한 사람이 부유한 사람이 된 것이 아니겠는가?

鄕也, 混然涂之人也, 俄而並乎堯禹, 豈不賤而貴矣哉? 鄕也, 效門室之辨, 混然曾不能決也, 俄而原仁義, 分是非, 圖回天下於掌上而辯白黑, 豈不愚而知矣哉! 鄕也, 胥靡之人, 俄而治天下之大器擧在此, 豈不貧而富矣哉?

여기에서는 배움으로 일어날 수 있는 변화를 과거와 현재를 대조해 서술합니다. 본래 과거에는 멍청했던 보통 사람도 배움을 통해 성인과 같은 능력을 얻어 요임금이나 우임금과 동등해질 수 있으니, 이보다 더 "천한 사람이 귀한 사람이 되는" 극적인 변화가 어디 있겠습니까? 또한 본래 과거에는 멍청하고 아무것도 할 줄 몰라서 집에 들어가면 문이 어디 있는지 기억도 분별도 못하던 사람이 배움을 통해 인의의 원천을 깨닫고 시비를 구분하는 고도의 추상적 사유 능력을 얻어 마치 흑백을 알아보듯 손쉽게 천하를 운영할 수 있으니, 이보다 더 "어리석은 사람이 지혜로운 사람이 되는" 극적인 변화가 어디 있겠습니까? 이뿐만이 아닙니다. 본래 과거에는 가난해서 아무것도 가진 게 없던 사람이 배움을 통해 천하를 다스리는 수단과 능력을 가질 수 있으니, 이보다 더 "가난한 사람이 부유한 사람이 되는" 극적인 변화가 어디 있겠습니까?

여기에서 순자는 맹자처럼 "사람은 누구나 요순이 될 수 있다"고 주장합니다. 요순과 성인은 특정한 역사의 시공간적 조건에서 누구도 흉내 낼 수 없는 공로를 세운 비범하고 위대한 인물이 아닙니다. 전국시대의 유가는 요순과 성인을 그렇게 보지 않았습니다. 요순이 상징하던, 사람들이 가장 대단하다고 상상한 성취는 안으로 인의와 덕성을 갖추고 밖으로 인의를 실천해 천하를 복되게 할 만큼 충분한 권력을 갖는 것이었습니다. 그런데 가장 중요한 것은 아무리 요순이어도, 다시 말해 아무리 대단한 성취를 이룬 사람이어도 우리와 그들 사이에 결코 넘을 수 없는 경계선은 없다고 생각한 점입니다. 우리와 그들 사이에는 서로 이어지는 연결선이 있다고 보았습니다.

맹자가 보기에 범인과 성인 사이의 접점은 공동의 선한 인성이었습니다. 순자가 보기에 그것은 배움이었고요. 누구나 배움을 원하고 배움의 방법만 알면 사인에서 군자로, 또 군자에서 성인으로 변화할 수 있다고 주장했습니다. 범인과 성인을 갈라놓는 선천적으로 정해진 한계 같은 것은 없다고 보았지요.

지금 이곳의 어떤 사람이 수천 냥의 보물을 갖고 있다면 구걸로 먹고살아도 사람들은 그가 부자라고 말할 것이다. 그 보물은 입으려 해도 입을 수 없고, 먹으려 해도 먹을 수 없고, 팔려고 해도 팔 수가 없다. 그런데도 사람들은 왜 그가 부자라고 하는가? 어찌 큰 부의 그릇이 그에게 있기 때문이 아니겠는가? 이에 만족하는 것 역시 부자인데, 어찌 가난했다가 부자가 된 것이 아니라 하겠는가?

今有人於此, 屑然藏千溢之寶, 雖行貸而食, 人謂之富矣. 彼寶也者, 衣之, 不可衣也; 食之, 不可食也; 賣之, 不可僂售也. 然而人謂之富, 何也? 豈不大富之器誠在此也? 是杅杅亦富人也, 豈不貧而富矣哉?

지금 누가 수천 냥의 보물을 갖고도 평소에 구걸로 먹고 산다고 가정해 봅시다. 그래도 사람들은 그가 부자라고 말할 겁니다. 그 보물은 먹을 수도, 입을 수도, 팔고 싶다고 팔수도 없는 것인데 말입니다. 그렇다면 사람들은 대체 왜 그를 부자라고 말하는 걸까요? '부'를 상징하는 물건이 그에게 있기 때문이 아닐까요? 바꿔 말해 값진 물건을 갖고 있는 것이 부가 아닐까요? 그렇다면 배움을 통해 광대하고 풍족한 지식을 갖게 된 사람도 가난한 상태에서 부유해진 것이 아닐까요?

　　그러므로 군자는 벼슬이 없어도 귀하고, 봉록이 없어도 부유하고, 말하지 않아도 신뢰받고, 화내지 않아도 위엄이 있고, 궁색해도 영예롭고, 혼자 있어도 즐겁다. 이는 지극한 존귀함과 부와 장중함과 위엄이 그에게 쌓여서가 아니겠는가! 그래서 존귀한 명성은 무리를 만들어 쟁취할 수도, 허세를 부려 가질 수도, 권세로 위협해 얻을 수도 없다고 하는 것이다.

故君子無爵而貴, 無祿而富, 不言而信, 不怒而威, 窮處而榮, 獨居而樂; 豈不至尊, 至富, 至重, 至嚴之情擧積此哉! 故曰: 貴名不可以比周爭也, 不可以夸誕有也, 不可以勢重脅也.

이처럼 유가의 군자는 그 영향력이 실로 대단합니다. 누가 벼슬과 봉록을 주지 않아도 존귀하고 부유하며, 스스로 말하고 화내지 않아도 사람들이 믿고 위엄에 복종합니다. 곤궁할 때도 영예가 뒤따르며, 누가 옹호하고 지지해 주지 않아도 혼자 만족하고 즐거워합니다. 이처럼 매우 존귀하고 풍족하며 장중하고 위엄 있는 자산은 당연히 배움을 통해 부단히 축적한 것입니다.

그래서 존귀한 명성은 당파를 조직해 쟁취할 수도, 과장과 허세로 가질 수도, 권세와 지위로 위협해 얻을 수도 없다고 하는 것입니다.

반드시 정성스러워야만 존귀한 명성을 얻을 수 있다. 다투면 잃지만 사양하면 이루고, 도를 따르면 쌓이지만 허세를 부리면 사라진다. 그러므로 군자는 내면을 수양하는 데 힘쓰고 밖으로는 사양하며, 자신에게 덕이 쌓이도록 힘쓰고 도를 따라 처신한다. 이렇게 하면 존귀한 명성이 해와 달처럼 떠오르고 천하가 벼락처럼 그것에 호응할 것이다.

必將誠此然後就也. 爭之則失, 讓之則至, 遵道則積, 夸誕則虛.
故君子務修其內而讓之於外, 務積德於身而處之以遵道. 如是,
則貴名起如日月, 天下應之如雷霆.

오로지 성심껏 배움에 힘써야만 존귀한 명성을 얻을 수
있습니다. 고귀하고 존중받는 명성은 탐욕스러운 태도로 다
투면 잃고, 거꾸로 겸손하고 사양하면 얻습니다. 또한 도리
와 원칙에 따라 일을 행하면 존귀한 명성이 쌓이지만, 허풍
과 자랑을 일삼으면 사라집니다. 그래서 군자는 내면을 수양
하는 데 힘쓰고 밖으로는 조심스럽고 겸양하는 태도를 보이
는 한편, 자신에게 미덕이 쌓이도록 힘쓰고 도리와 원칙에
따라 처신합니다. 만약 이렇게 할 수만 있다면 존귀한 명성
이 해와 달처럼 높이 솟아올라, 온 세상이 그것을 전하고 칭
송하며 벼락같은 소리로 화답할 겁니다.

그래서 군자는 숨어 있어도 드러나고 미미해도 밝으며 양보
해도 이긴다고 하는 것이다. 『시경』에서 "학이 낮은 연못에
서 우는데 소리가 하늘까지 전해지네"라고 한 것이 이를 가
리킨다.

故曰: 君子隱而顯, 微而明, 辭讓而勝.『詩』曰: "鶴鳴于九皋,
聲聞于天." 此之謂也.

군자는 숨어 있어도 드러나고 일부러 빛을 내지 않아도
밝게 반짝이며 겸손하고 다투지 않아도 남에게 이긴다고 합
니다.『시경』소아「학명」鶴鳴을 보면 "학이 아주 낮은 연못
에서 우는데 그 소리가 높은 하늘까지 멀리 퍼지네"라는 구
절이 있는데, 낮은 곳에서 울기 때문에 그 소리가 더 멀리
더 높이 퍼진다는 뜻입니다. 이 내용과 잘 어울리는 시구입
니다.

비천한 자는 이와 반대인데, 무리를 지을수록 칭찬하는 사
람은 줄어들고 비열하게 다툴수록 명예는 욕되어지며 애써
안전과 이익을 추구할수록 자신은 위험해진다.『시경』에서
"백성 중 선량하지 못한 자들이 서로를 원망하네. 벼슬을
받으려는데 양보하지 않아 스스로를 망치네"라고 한 것이
이를 가리킨다.

鄙夫反是, 比周而譽俞少, 鄙爭而名俞辱, 煩勞以求安利, 其身
俞危.『詩』曰: "民之無良, 相怨一方. 受爵不讓, 至於己斯亡."

此之謂也.

군자와 대비를 이루는 사람이 '비천한 자'입니다. 이런 사람은 누구에게나 잘 보이려 하고 아첨을 일삼는데도 결국 칭찬해 주는 사람이 점점 줄어들고, 수단과 방법을 가리지 않고 명성을 다투는데도 결국 명성이 점점 더럽혀집니다. 또한 안전과 이익을 애써 추구하는데도 도리어 스스로 점점 위험에 빠집니다.

『시경』 소아 「각궁」角弓의 "선량하지 못한 사람이 남과 어울리며 늘 상대방을 원망한다. 높은 자리를 얻으려 하지만 양보할 줄을 몰라 끝내 스스로 재앙과 불운에 빠진다"라는 구절이 바로 이를 가리킵니다.

순자의 이상 사회

다음 단락에서 순자는 유자가 능력을 발휘할 수 있으면 엄정한 질서가 지켜지는 이상 사회를 세울 수 있다고 서술합니다.

그러므로 능력은 적은데 큰일을 하는 것은, 힘은 약한데 무거운 짐을 짊어지는 것과 같아서 뼈가 부러지고 부서지는 것 외에는 달리 좋을 것이 없다. 자신이 못났는데도 현명하다고 속이는 것은, 곱사등이가 키를 늘리는 것과 같아서 그의 정수리를 손가락질하는 사람만 더 많아진다. 따라서 현명한 군주는 덕을 판단해 순서대로 자리를 정해 주기 때문에 어지러워지지 않는다. 충성스러운 신하는 진실로 능력이 있어야 지위를 받기 때문에 곤란해지지 않는다.

故能小而事大, 辟之是猶力之少而任重也, 舍粹折無適也. 身不肖而誣賢, 是猶傴伸而好升高也, 指其頂著愈衆. 故明主議德而序位, 所以爲不亂也. 忠臣誠能然後敢受職, 所以爲不窮也.

능력은 적은데 큰 책임을 맡는 것과 현명하지 않은데 스스로 현명하다고 허세를 부리는 것은 부작용만 낳고 일에는 아무 도움이 안 됩니다. 그래서 훌륭한 군주는 덕성과 능력에 따라 서로 다른 지위를 나눠 줘 혼란을 줄이고, 충성스러운 신하는 자기 분수에 맞게 직무를 맡아서 혹시 난처해질 수도 있는 상황을 방비합니다.

위에서 본분의 안배가 어지럽지 않아 아래에서 일을 처리하는 능력이 궁지에 몰리는 일이 없는 것이 다스림의 극치다. 『시경』에서 "공평하게 좌우를 대하니 모두가 잘 따르네"라고 했는데, 이는 위아래의 관계가 어지럽지 않음을 가리킨다.

分不亂於上, 能不窮於下, 治辯之極也. 『詩』曰: "平平左右, 亦是率從." 是言上下之交不相亂也.

위에서 이끄는 사람이 인덕과 능력에 따라 적절히 개개인의 본분을 안배하면, 아래에서 따르며 안배를 받는 사람은 자신의 사회적 위치에 뒤따르는 일을 어려움 없이 충분히 처리할 수 있습니다. 이것이 바로 나라를 다스리는 극치입니다. 『시경』 소아 「채숙」采菽에 "공평하고 치우치지 않는 태도로 좌우를 대하면 백성이 모두 복종한다네"라는 구절이 있는데, 상하 간의 일사분란한 관계의 중요성을 강조하고 있습니다.

확실히 순자의 이상 사회는 질서에 그 핵심이 있는데, 그 질서의 관건은 본분을 안배하는 권력자 혹은 윗사람입니다. 권력의 근본 기능은 바로 본분을 안배하는 것인데, 그것은 다시 말해 관찰과 지혜를 통해 어떤 사람이 어떤 위치에서 어떤 일을 하고 어떤 책임을 맡아야 하는지 판단하는 것입니다. 본분이 정확히 잘 안배되면 사람들은 자기에게 분배된 위치와 책임에 따라 일하기만 하면 됩니다. 바꿔 말하면 그 사회의 대부분 사람들은 수동적이며, 주도권은 위에서 본분을 안배하는 사람이 갖게 됩니다.

서로 다른 사람들은 서로 다른 능력을 갖고 있으니, 역시 서로 다른 자리에 있어야만 합니다. 본분의 안배에는 근본적인 단계별 법칙이 있습니다.

습속을 따르는 것을 좋다 여기고, 재물을 보배로 여기고, 스스로를 보양하는 것을 자신의 지극한 도로 여기는 것이 백성의 덕이다.

以從俗爲善, 以貨財爲寶, 以養生爲己至道, 是民德也.

가장 낮은 단계는 '백성'民입니다. 백성의 기본 성격은 습속에 따라 남이 하는 대로 해야 한다고 느끼고, 물질적 부를 추구하고, 자기를 잘 돌봐 적절히 보양해야 한다고 생각하는 겁니다. 이것 외에는 달리 크고 높은 목표를 생각할 줄 모릅니다.

백성보다 한 단계 높은 것이 사인입니다. 순자는 우선 "지극히 굳건하게 법을 실천하고 들은 바를 사욕 때문에 어지럽히지 않으면 강직한 사인이라 할 수 있다"行法至堅, 不以私欲亂所聞, 如是, 則可謂勁士矣라고 말합니다. 엄격히 법을 준수하고 의식적으로 사욕을 절제해 이익 때문에 지혜가 흐려져 보고 들은 바를 왜곡하지 않는다면 강직하고 원칙에 충실한 사인이라고 할 수 있다는 것이지요.

　　다음으로 사인보다 한 단계 높은 것은 군자입니다.

> 지극히 굳건하게 법을 실천하고 자신이 들은 바를 수양하기를 좋아하여 스스로 성정을 바로잡는다. 말은 대부분 합당한데 아직 깨닫지는 못했고, 행동도 대부분 합당한데 아직 안정되지는 못했으며, 지혜와 사려도 대부분 합당한데 아직 주도면밀하지는 못하다. 위로는 존경하는 사람을 융성하게 할 수 있고, 아래로는 자기보다 못한 사람을 가르치고 이끌 수 있다. 이런 사람을 독실한 군자라 할 수 있다.

> 行法至堅, 好脩正其所聞, 以橋飾其情性. 其言多當矣, 而未諭也; 其行多當矣, 而未安也. 其知慮多當矣, 而未周密也. 上則能大其所隆, 下則能開道不己若者. 如是, 則可謂篤厚君子矣.

사인과 마찬가지로 군자도 반드시 엄격하게 법을 준수합니다. 하지만 군자는 사인보다 한 걸음 더 나아가 법의 원칙에 따라 자신을 수양하고 수정하는 한편, 역시 법에 따라 자신이 무엇을 보고 들을지 조정하면서(예가 아니면 보지도 말고 듣지도 말라는 수양법과 유사합니다) 자신의 본성까지 교정합니다.

'정'情이라는 글자는 고문에서 '사실'을 가리키는데, 여기에 나오는 '성정'情性은 바로 선천적으로 타고난 본성입니다. 의심의 여지 없이 순자는 부정적인 시선으로 성정과 본성을 바라보았습니다. 예와 법의 학습을 통해 반드시 본성을 바꾸고 교정해야 한다고 생각했습니다.

군자가 하는 말은 대체로 정확합니다. 단지 사실만 알고 사실의 원인은 모를 뿐입니다. 그의 행위도 대체로 정확합니다. 단지 행위의 법칙을 아직 철저히 내면화하지 못했을 뿐입니다. 그의 사유도 대체로 정확합니다. 단지 아직 완전하고 주도면밀하지 못할 뿐입니다. 군자는 위로는 자기가 모시고 존경하는 사람의 영향력을 확대시킬 수 있으며, 아래로는 자기보다 못한 사람을 가르치고 인도할 수 있습니다. 군자의 이런 주요 덕성을 '독실함'篤厚이라고 합니다.

군자보다 한 단계 위는 성인입니다.

여러 성왕의 법도를 흑백을 분별하듯 닦고 그때그때의 변화에 하나둘을 세듯 대응한다. 예의와 절도의 실천은 사지를 움직이듯 안정적이고, 시의적절하게 공을 세우는 것은 사계절을 알리듯 교묘하다. 올바르게 다스리고 백성을 화합하는 데 능해 수많은 사람을 한 사람처럼 뭉치게 한다면 성인이라 할 수 있다.

脩百王之法, 若辨白黑. 應當時之變, 若數一二. 行禮要節而安之, 若運四枝. 要時立功之巧, 若詔四時. 平正和民之善, 億萬之衆而摶若一人. 如是, 則可謂聖人.

수많은 왕이 반복해서 시험하던 법도를 검은색과 흰색을 구분하듯 쉽게 따르고, 현실의 변화에도 작은 숫자를 세듯 쉽게 대응하며, 합리적이고 절도 있는 행동은 사지를 움직이듯 자연스럽고, 정확하게 때를 포착해 능히 성취를 이루는 것도 사계절을 알 듯 자연스럽습니다. 게다가 정치를 안정시키고 백성을 조화시키는 능력까지 출중해서 수많은 사람을 한 사람처럼 단합시킵니다. 이렇게 할 수 있는 사람이 바로 성인입니다.

성인과 군자의 차이는 성취의 규모에 있고, 더 중요하게는 성취의 난이도에 있습니다. 성취를 이루기 위해 군자는 의식적인 노력을 기울여야 하는 반면, 성인은 매우 쉽고 자연스럽게 그것을 해냅니다. 역대 성왕의 원칙과 가치를 내면화하여 힘들이지 않고 따를 수 있어야만 거대한 업적도 세울 수 있습니다.

조리가 반듯하고, 위엄이 있어 자신을 존중할 수 있고, 시종일관 꿋꿋하고, 안정되게 오래갈 수 있고, 즐겁게 법도를 위태로움 없이 지키고, 환하게 밝은 지혜를 사용하고, 정연하게 기강을 실천하고, 여유롭게 외양을 꾸미고, 온화하게 남의 선행을 즐거워하고, 은근히 남의 부당한 짓을 두려워한다. 이런 사람을 성인이라 할 수 있는데, 그의 도가 하나ㅡ에서 나왔기 때문이다.

井井兮其有理也, 嚴嚴兮其能敬己也, 介介兮其有終始也, 猒猒兮其能長久也, 樂樂兮其執道不殆也, 炤炤兮其用知之明也, 脩脩兮其用統類之行也, 綏綏兮其有文章也, 熙熙兮其樂人之臧也, 隱隱兮其恐人之不當也. 如是, 則可謂聖人矣, 此其道出乎一.

여기에서 순자는 한 단락에 걸쳐 중요한 성인에 관해 묘사합니다. 성인이 마땅히 갖춰야 할 자질과 세상에서 실현할 수 있는 훌륭한 모습을 이야기하죠. 이 단락은 논설문이 아니라 산문과 운문의 중간 장르인 '부'賦로 기술되었습니다. 이 장르의 문체적 특색은 연속적인 대구 형식입니다. 주로 칭송의 단어를 층층이 쌓아 나가지요. 부 장르의 문체는 전국시대 후기에 나타났는데, 본래 유행하던 논설 문체와 나란히 쓰이다 나중에는 그것을 대체하게 됩니다. 우리는 이를 통해 시대 조류의 변화를 엿볼 수 있습니다. 백가쟁명의 대등한 언론 경쟁이 점차 통일의 단계로 접어들었던 겁니다.

조리가 있고, 자존감을 갖고서 엄격히 자신을 규율하고, 굳세게 일관성을 지키고, 함부로 바꾸는 일 없이 안정을 기하고, 원칙을 지키는 데에서 즐거움을 얻고, 공명정대하게 지혜를 사용하고, 예의와 기강에 따라 단정히 일을 행하고, 풍성하면서도 자연스럽게 용모를 꾸미고, 온화하고 즐겁게 다른 사람의 장점을 감상하고, 다른 사람이 잘못을 저지를까 속으로 걱정한다면 성인이라 할 수 있습니다. 성인이 이럴 수 있는 것은 그가 지키고 받드는 원리 원칙이 '하나'一에서 비롯되었기 때문입니다. 그러면 그 하나는 무엇일까요?

무엇을 하나라 하는가? 신神을 잘 지켜 굳건한 것이다. 무
엇을 신이라 하는가? 완벽하게 두루 잘 다스리는 것을 신이
라 한다. 굳건하다는 것은 무엇인가? 어떤 사물도 그것을
기울게 하지 못하는 것을 굳건하다고 한다. 신하고 굳건한
사람을 성인이라 한다.

曷謂一? 曰: 執神而固. 曷謂'神'? 曰: 盡善挾治之謂神. 曷謂
固? 曰: 萬物莫足以傾之之謂固. 神固之謂聖人.

계속 대구법을 사용하면서 주석의 성격을 띤 문체로 순
자는 정의를 해 나갑니다. 하나는 바로 '신을 잘 지켜 굳건한
것'입니다. 그런데 '신을 잘 지켜 굳건한 것'을 이해하려면
먼저 신이 무엇인지 이해해야 합니다. 신의 의미는 가장 좋
은 방법으로 나라를 주도면밀하게 다스리는 겁니다. 그러면
굳건하다는 것은 또 무엇일까요? 굳건하다는 것은 어떤 사
물에 의해서도 동요하거나 기울어지지 않는 겁니다. 이것들
을 다 합치면 성인이 지키는 하나라는 것은 가장 훌륭한 방
법을 변함없이 꿋꿋하게 사용하여 주도면밀하게 나라를 다

스리는 것임을 알 수 있습니다.

성인이란 도의 중추가 되는 사람이다. 천하의 도의 중추가
이 사람이며, 여러 성왕의 도도 하나로서 이 사람이다. 그
래서 『시경』, 『서경』, 『예기』, 『악기』의 도는 이 사람에게
로 돌아간다. 『시경』에서 말하는 것은 성인의 뜻이다. 『서
경』에서 말하는 것은 성인의 일이다. 『예기』에서 말하는
것은 성인의 행실이다. 『악기』에서 말하는 것은 성인의 조
화다. 『춘추』에서 말하는 것은 성인의 은밀함이다.

聖人也者, 道之管也. 天下之道管是矣, 百王之道, 一是矣. 故
『詩』『書』『禮』『樂』之道歸是矣. 『詩』言是, 其志也; 『書』言
是, 其事也; 『禮』言是, 其行也; 『樂』言是, 其和也; 『春秋』言
是, 其微也.

성인은 바로 도의 총체입니다. 천하의 도가 모두 그에게
모여 있고 여러 성왕의 도도 모두 그에게 갈무리되어 있습니
다. 『시경』, 『서경』, 『예기』, 『악기』(『춘추』도 당연히 포함
되어야 합니다)의 도 역시 그에게로 향합니다. 『시경』은 그
의 지향과 감정을 표현하고, 『서경』은 그가 세상일을 처리

하는 방법을 보여 주고, 『예기』는 사람들 사이에서 그의 행위를 규정하고, 『악기』는 사물을 조정하여 조화롭게 만드는 그의 태도를 전달합니다. 그리고 『춘추』에는 세밀한 현상과 정보에 대한 그의 예민한 감수성과 심오한 사유가 담겨 있습니다.

> 그러므로 『시경』 국풍國風이 방탕하지 않은 것은 성인의 뜻을 취해 절제했기 때문이고, 소아가 소아다운 것은 성인의 뜻을 취해 꾸몄기 때문이고, 대아가 대아다운 것은 성인의 뜻을 취해 빛냈기 때문이고, 송頌이 지극한 것은 성인의 뜻을 취해 통달했기 때문이다.

> 故風之所以爲不逐者, 取是以節之也; 小雅之所以爲小雅者, 取是而文之也; 大雅之所以爲大雅者, 取是而光之也; 頌之所以爲至者, 取是而通之也.

그다음에는 『시경』의 내용을 들어 각 부분과 성인의 관계에 대해 이야기합니다. 먼저 국풍이 "노골적이지만 방탕하지는 않고"淫而不蕩 "슬프지만 마음 아파하지는 않는"哀而不傷 것은 성인의 절제를 거쳤기 때문입니다. 그리고 소아가 '우아한'雅 특색을 갖춘 것은 성인이 그 내용을 꾸몄기 때문이고, 대아가 큰大 것은 성인의 큰 작용 때문입니다. 마지막으로 송이 극치와 정점을 대표하게 된 것도 성인이 여러 이치와 통하게 했기 때문입니다.

천하의 도가 여기에 다 있다. 이를 따르는 자는 이루고 이를 어기는 자는 망한다. 이를 따랐는데 못 이루고 이를 따르지 않았는데 망하지 않은 자는 예로부터 지금까지 본 적이 없다.

天下之道畢是矣. 鄕是者臧, 倍是者亡. 鄕是如不臧, 倍是如不亡者, 自古及今, 未嘗有也.

천하의 이치가 여기에 다 집약되어 있습니다. 이 이치를 따르는 사람은 좋은 결과를 얻고, 이 이치를 어기는 사람은 스스로 망합니다. 이 이치를 따랐는데도 좋은 결과를 못 얻고 이 이치를 어겼는데도 망하지 않은 사람은 옛날부터 지금까지 없었습니다.

유자는 적극적이고 진취적이다

이제 순자는 주공에 관한 논의로 돌아갑니다.

한 손님이 말했다. "공자께서는 '주공은 대단한 분이다! 자신이 귀해질수록 더 공손했고, 집안이 부유해질수록 더 검소했고, 적에게 이길수록 더 경계했다'라고 말씀하셨습니다." 이에 대답하길, "그것은 주공의 행실이 아닐 겁니다. 공자가 하신 말씀도 아닐 테고요"라고 했다.

客有道曰: 孔子曰: "周公其盛乎! 身貴而愈恭, 家富而愈儉, 勝敵而愈戒." 應之曰: "是殆非周公之行, 非孔子之言也."

왜 순자는 주공에 대한 극찬에 반대하고, 그 말을 공자가 했다는 것까지 부정했을까요? 공자는 평생 주공을 숭배했는데도 말입니다.

"무왕이 죽었을 때 성왕이 어려서 주공이 성왕을 물리고 무왕의 뒤를 이었습니다. 주공이 천자의 자리에 올라 병풍을 등지고 앉자 제후들이 어전 아래에서 바삐 움직였을 텐데,

그럴 때에 누가 주공이 공손하다고 했겠습니까?"

"武王崩, 成王幼, 周公屛成王而及武王. 履天子之籍, 負扆而
立, 諸侯驅走堂下, 當是時也, 夫又誰爲恭矣哉?"

순자는 주나라 초기의 역사적 사실을 다시 서술합니다.
주공은 어린 성왕 대신 무왕의 뒤를 이어 천자가 되었고, 천
자의 자리에서 제후들을 맞이했습니다. 그런 상황에서 제후
들이야 그를 공손히 대했겠지만, 그가 누구를 공손히 대했겠
습니까?

"천하를 통치하며 71개 나라를 세웠는데, 그중 희姬씨가 다
스리는 나라가 53개였습니다. 주나라 왕실의 자손 중에 미
치거나 멍청한 자만 아니면 모두 천하의 영달한 제후가 되
었는데, 누가 주공이 검소하다고 했겠습니까?"

"兼制天下, 立七十一國, 姬姓獨居五十三人焉, 周之子孫, 苟不
狂惑者, 莫不爲天下之顯諸侯, 孰謂周公儉哉?"

순자가 보기에 주공은 절대 조심스럽고 신중한 사람이

아니어서 '검소하다'僕라는 말로 수식하기에 적절치 않았습니다. 그가 천자가 된 후 봉한 71개 나라의 제후 중 무려 53명이 그의 친족이었기 때문입니다.

"주나라 무왕이 상나라 주왕을 치고자 출병한 날은 병가兵家에서 꺼리는 날이었습니다. 동쪽으로 출발한 것도 태세성太歲星을 거스르는 행위였습니다. 사수汜水 강변에 이르자 물이 범람했고, 회懷 땅에 이르자 성벽이 허물어졌으며, 공두산共頭山 밑에 이르자 산이 무너졌습니다. 이에 곽숙이 무서워서 '출병한 지 사흘 만에 다섯 가지 재난을 만났으니 가서는 안 되겠습니다!'라고 말했습니다. 하지만 주공은 '주왕은 충신 비간比干의 배를 갈라 죽이고 기자箕子를 감옥에 가둬 놓고서 간신 비렴飛廉과 오래惡來가 조정을 장악하게 했는데, 어찌 가서는 안 된다는 것이냐?'라고 말했습니다. 그래서 군마를 정비하고 나아가 척戚에서 아침을 먹고 백천百泉에서 잠을 잔 뒤, 새벽에 목牧의 들판에 들이닥쳤습니다."

"武王之誅紂也, 行之日以兵忌, 東面而迎太歲, 至汜而泛, 至懷而壞, 至共頭而山隧. 霍叔懼曰: '出三日而五災至, 無乃不可乎!' 周公曰: '刳比干而囚箕子, 飛廉惡來知政, 夫又惡有不可焉?' 遂選馬而進, 朝食於戚, 暮宿於百泉, 旦厭於牧之野."

순자는 주공이 "적에게 이길수록 더 경계했다"는 견해에도 동의하지 않았습니다. 그래서 무왕이 주왕을 정벌할 때의 일을 이렇게 길게 이야기합니다.

"북을 치니 주왕의 군대가 방향을 돌려 자기편을 공격했습니다. 그래서 주나라 군대는 그들에게 편승해 주왕을 토벌했습니다. 주왕을 죽인 쪽은 주나라 사람들이 아니라 상나라 사람들이었던 겁니다. 따라서 적의 머리나 포로를 노획할 일도 없었고 위험을 겪은 데 대한 상도 없었습니다. 돌아와서는 갑옷과 투구의 생산을 중지하고 기존의 무기를 거둬들였습니다. 그러고서 온 천하를 통일하고 음악을 만들었습니다. 무武와 상象 같은 새 악곡이 생겨났고, 순임금 시대의 소韶, 탕임금 시대의 호護 같은 옛 악곡은 폐지되었지요. 온 세상 사람들이 주나라의 새로운 문화에 마음이 변하고 생각이 바뀌어 바깥문을 닫지 않았고 온 천하에 경계가 사라졌습니다. 그럴 때에 누가 주공이 경계를 한다고 했겠습니까?"

"鼓之而紂卒易鄉, 遂乘殷人而誅紂. 蓋殺者非周人, 因殷人也.
故無首虜之獲, 無蹈難之賞, 反而定三革, 偃五兵, 合天下, 立
聲樂, 於是武象起而韶護廢矣. 四海之內, 莫不變心易慮以化順
之. 故外闔不閉, 跨天下而無蘄. 當是時也, 夫又誰爲戒矣哉?"

그 시대에는 사실 주공뿐만 아니라 그 누구도 경계와 두
려움을 보이지 않았고 그럴 필요도 없었습니다.

순자의 말에 따르면, 경계하고 두려워한 사람은 훗날
'삼감三監의 난'*에 가담해 주공에게 토벌된 곽숙이었지 주
공이 아니었습니다. 주공은 "다섯 가지 재난" 따위는 신경도
쓰지 않았지요. 오직 인간사의 도리만 유념했던 그는 아무
거리낌 없이 백성을 위해 폭군을 징벌하고 천하를 평안케 하
는 책임을 짊어졌습니다. 절대로 소심한 태도를 보이지 않았
습니다.

순자가 그렇게 강하게 주공이 공손했고 검소했으며 경
계했다는 견해에 반대한 것은 대유의 역할을 부각시키기 위
해서였습니다. 대유는 책임을 짊어진 사람이자 커다란 변화
를 창출할 수 있는 사람으로서, 능력을 발휘할 기회가 생기
면 절대로 몸을 사리지 않습니다. 순자가 살던 시대의 사람
들은 보통 유자가 보수적이고 퇴영적이며 수양과 예의의 이

---

* 주공의 섭정에 불만을 품고 그의 형제인 관숙, 채숙, 곽숙이 일
으킨 반란.

치만 잔뜩 알고 있어서 실행력도 쓸모도 없다고 생각했습니다. 그런 천편일률적인 이미지를 순자는 주공을 범례로 삼아 타파하고자 했던 겁니다.

앞에서 본 성인에 대한 묘사는 성인이 왜 때때로 소심하고 내성적으로 보이는지 알려 줍니다. 그것은 '여러 성왕의 법도'를 닦고 '그때그때의 변화에 대응'함에 있어 성인이 충분한 내면화와 이해를 통해 안정적이고 자연스러운 태도를 보이기 때문입니다. 하지만 안정적이고 자연스러워 보이는 것은 절대로 성인이 소극적이고 무책임하기 때문이 아닙니다. 정반대로 필요한 상황에서 성인과 대유는 누구보다 적극적이고 능동적입니다.

조보造父는 세상에서 말을 가장 잘 타는 사람이지만 수레와 말이 없으면 그의 능력을 볼 수 없다. 예羿는 세상에서 활을 가장 잘 쏘는 사람이지만 활과 화살이 없으면 그의 기술을 볼 수 없다. 대유는 천하를 조화롭게 통일할 수 있지만 백 리의 땅도 없으면 그의 공을 볼 수 없다. 수레가 튼튼하고 말도 잘 골랐는데 먼 곳을 가면서 하루에 천 리를 못 가면 조보가 아니다. 활이 균형이 잡히고 화살도 곧은데 멀리 쏴서 작은 것을 맞히지 못하면 예가 아니다. 백 리 땅을 가

졌는데 천하를 조화롭게 통일하지 못하고 포악한 난도 진압
하지 못하면 대유가 아니다.

造父者, 天下之善御者也, 無輿馬則無所見其能. 羿者, 天下之
善射者也, 無弓矢則無所見其巧. 大儒者, 善調一天下者也, 無
百里之地則無所見其功. 輿固馬選矣, 而不能以至遠, 一日而
千里, 則非造父也. 弓調矢直矣, 而不能以射遠中微, 則非羿也.
用百里之地, 而不能調一天下, 制彊暴, 則非大儒也.

여기에서 순자는 각각 기마와 궁술의 명인이었던 조보
와 예와 함께 대유를 나란히 놓고서 그의 능력과 그 능력을
발휘할 수 있는 기본 조건을 이야기합니다.

대유는 비록 외진 곳의 누추한 집에 묻혀 지내며 송곳 하나
꽂을 땅도 없었지만 왕공들이 더불어 명성을 다투지 못했
다. 또 일개 대부의 자리에 있었을 뿐인데도 한 군주가 홀로
잡아 두지 못하고 한 나라가 홀로 그를 차지하지 못했다. 그
의 명성은 제후들한테도 알려져 모두가 그를 신하로 삼고
싶어했다. 그에게 백 리 땅이 있으면 천 리의 나라도 그와
승부를 다투지 못했다. 또한 난폭한 나라를 응징하고 천하

를 통일해 아무도 그를 기울어뜨리지 못했다. 이것이 바로 대유의 효험이다.

彼大儒者, 雖隱於窮閻漏屋, 無置錐之地, 而王公不能與之爭名. 在一大夫之位, 則一君不能獨畜, 一國不能獨容, 成名況乎諸侯, 莫不願得以爲臣. 用百里之地, 而千里之國莫能與之爭勝. 笞棰暴國, 齊一天下, 而莫能傾也, 是大儒之徵也.

대유는 어떤 벼슬이나 봉토 없이 이름 없는 곳에 숨어 있어도 드높은 명성이 먼 곳까지 전해집니다. 반대로 통치자의 자리에 있으면 설령 사방 백 리의 작은 나라를 다스려도 그보다 열 배 큰 나라보다 강성합니다. 나아가 난폭한 나라를 제압하고 천하통일을 이루어 어떤 사람이나 세력에 의해서도 동요하지 않으니, 이런 대유의 효험은 실로 놀랍기 그지없습니다.

그의 말에는 법도가 있고, 그의 행동에는 예가 있고, 그가 하는 일에는 후회가 없고, 위기와 변화에 대한 그의 대응은 모두 합당하다. 시세를 따라 변화하며 세상 사람들과 함께 발전하면서 많은 일을 하는 동시에 많은 변화를 겪지만 그의 도는 한결같다. 이것이 대유의 기준이다.

其言有類, 其行有禮, 其擧事無悔, 其持險應變曲當. 與時遷徙, 與世偃仰, 千擧萬變, 其道一也, 是大儒之稽也.

여기에서는 말에서나 행동에서나 일 처리에서나 합당한 법도를 따르고, 다양한 변화와 발전 속에서도 늘 일관된 원칙을 지키는 것을 대유의 기준으로 규정합니다.

그가 곤궁할 때는 천한 유자들이 그를 비웃지만, 그가 영달했을 때는 영웅호걸들도 그에게 감화를 받고, 속된 자들은 그에게서 도망치고, 사악한 학설을 펴는 자들은 그를 두려워하고, 수많은 사람들이 그 앞에서 부끄러워한다. 그는 통달하면 천하를 통일하지만, 곤궁하면 홀로 귀한 명예를 지킨다. 하늘도 그를 죽이지 못하고, 땅도 그를 파묻지 못하고, 걸왕桀王이나 도척盜跖이 날뛰는 세상도 그를 더럽히지 못한다. 이는 대유가 아니면 할 수 없는 일인데, 공자와 염옹이 그런 사람이었다.

其窮也, 俗儒笑之; 其通也, 英傑化之, 嵬瑣逃之, 邪說畏之, 衆

人媿之. 通則一天下, 窮則獨立貴名. 天不能死, 地不能埋, 桀
跖之世不能汙, 非大儒莫之能立, 仲尼, 子弓是也.

곤궁할 때에도 대유는 권력과 타협해 이익을 꾀하지 않
아 천한 유자들은 잘났다는 듯 그를 조롱합니다. 하지만 그
가 일단 기회를 만나 적절한 지위와 권력을 갖기만 하면 아
무리 강한 개성과 주관을 가진 영웅호걸도 그에게 감화를 받
습니다. 또한 저열한 짓을 일삼는 소인들은 도망치고 사악한
학설을 펼치던 자들은 두려움에 떱니다. 보통 백성은 그의
인격과 덕행 앞에서 부끄러워하는 모습을 보이지요. 그는 출
세하면 능히 천하를 통일할 수 있고, 곤궁해도 악한 자와 어
울리는 일 없이 고귀한 명성을 지킵니다. 이런 사람은 하늘
도 땅도 해칠 수 없고 최악의 난세도 더럽히거나 바꿀 수 없
는데, 오직 공자와 염옹 같은 대유만이 이에 해당됩니다.

배우지 않으면 군자가 될 수 없다

배움은 환경이 중요하다

순자는 유자가 쓸모가 있으며 대유는 질서 있는 사회를
만들 수 있다고 역설합니다. 그런데 대유가 능력을 발휘할
수 있는 기초는 배움을 통해 사람들이 원시적인 상태를 벗어
나 악한 본성을 극복하고 예의에 부합하게 되는 겁니다. 순
자는 『순자』 제1편 「권학」勸學에서 배움의 개념을 매우 깊이
있고 명확하게 밝혔습니다.

군자가 말하길, "공부는 하지 않을 수 없다"라고 했다. 푸

른 물감은 쪽에서 얻지만 쪽보다 푸르고, 얼음은 물로 만들지만 물보다 차갑다. 나무가 곧아서 먹줄에 맞아도 구부려서 수레바퀴를 만들면 그림쇠에 맞게 되고, 그것을 햇빛에 말려도 다시 펴지지 않는 것은 구부렸기 때문이다. 따라서 나무는 먹줄을 사용하면 곧아지고, 쇠는 숫돌에 갈면 날카로워지며, 군자는 널리 배워 매일 세 번 스스로 성찰하면 지혜가 밝아지고 행동에 허물이 없어진다.

君子曰: 學不可以已. 靑, 取之於藍, 而靑於藍; 冰, 水爲之, 而寒於水. 木直中繩, 輮以爲輪, 其曲中規, 雖有槁暴, 不復挺者, 輮使之然也. 故木受繩則直, 金就礪則利, 君子博學而日參省乎己, 則知明而行無過矣.

순자는 서두에서 사람은 영향을 받으면 바뀔 수 있는 존재임을 명확히 밝힙니다. 특히 좋게 바뀔 수 있지요. 사람을 좋게 바뀔 수 있게 하는 비결이 바로 배움입니다. 푸른색은 노란색을 섞으면 녹색이 됩니다. 그런데 녹색은 순수한 푸른색보다 더 푸르게 보입니다. 얼음도 물로 만들어지지만 물보다 더 차갑지요. 그리고 본래는 곧은 나무토막에 열을 가한 뒤 구부려서 둥근 수레바퀴를 만들면 그 곡선이 그림쇠에 정확히 맞습니다. 게다가 그렇게 구부러지면 햇빛에 말려도 다시 직선으로 돌아가지 않습니다. 그것은 '구부림'蘇으로 생긴 결과입니다. 그래서 나무토막은 가공을 거쳐 곧게 펼 수 있고 금속은 숫돌로 갈아 날카롭게 만들 수 있는데, 마찬가지로 군자도 광범위한 학습과 매일 세 차례에 걸친 자기 성찰을 통해 자신을 더 지혜롭고 완벽하게 변화시킬 수 있습니다.

그러므로 높은 산에 오르지 않으면 하늘이 높은 것을 알지 못하고, 깊은 계곡을 내려다보지 않으면 땅이 두터운 것을 알지 못하며, 선왕이 남긴 말씀을 듣지 않으면 학문의 위대함을 알지 못한다. 간干과 월越 지역 그리고 이족夷族과 맥족貉族의 아이들은 태어나서는 울음소리가 같지만 자라면서 풍속이 달라지는데, 가르침에 의해 그렇게 되는 것이다. 『시경』에서는 "아아 군자여, 언제나 편히 쉬려고만 하지 말기를. 그대의 지위를 신중히 대하고, 정직함을 좋아하기를. 깨닫고 지키면 큰 복이 내릴 것이다"라고 하였다. 깨달음은 도에 교화되는 것보다 큰 것이 없고, 복은 화를 안 당하는 것보다 좋은 것이 없다.

故不登高山, 不知天之高也; 不臨深谿, 不知地之厚也; 不聞先
王之遺言, 不知學問之大也. 干越夷貉之子, 生而同聲, 長而異
俗, 教使之然也.『詩』曰: "嗟爾君子, 無恆安息. 靖共爾位, 好
是正直. 神之聽之, 介爾景福." 神莫大於化道, 福莫長於無禍.

배워야만 고귀하고 아름다운 것을 접하고 흡수할 수 있습니다. 다양한 지역의 사람들이 막 태어나서는 똑같은 소리로 우는데 나중에는 다른 말을 쓰고 다른 풍속을 따르는 것을 보면 그것이 천성이 아니라 가르침에서 비롯된다는 것을 알 수 있습니다.『시경』소아「소명」小明에 나오는 앞의 시구에서는 군자가 '깨달음'神을 통해 큰 복을 얻을 수 있다고 강조하는데, 가장 큰 깨달음은 스스로 최고의 원칙과 하나가 되는 것이며 가장 큰 복은 어떠한 화도 입지 않는 겁니다.

나는 온종일 생각만 해 본 적이 있는데 잠깐 배우느니만 못했다. 나는 발돋움해 멀리 바라본 적이 있는데 높은 곳에 올라가 드넓게 바라보느니만 못했다. 높은 곳에 올라가 손짓을 하면 팔이 길어지지는 않지만 먼 곳에서도 잘 보인다. 바람을 따라 소리치면 소리가 커지지는 않지만 명확하게 들린다. 또한 수레와 말을 빌리면 걸음이 빠르지 않아도 수천 리

를 갈 수 있고, 배와 노를 빌리면 물에 익숙하지 않아도 강
을 건널 수 있다. 군자는 나면서부터 달랐던 것이 아니라 사
물의 힘을 빌려 훌륭해진 것이다.

吾嘗終日而思矣, 不如須臾之所學也; 吾嘗跂而望矣, 不如登高
之博見也. 登高而招, 臂非加長也, 而見者遠; 順風而呼, 聲非
加疾也, 而聞者彰. 假輿馬者, 非利足也, 而致千里; 假舟楫者,
非能水也, 而絕江河. 君子生非異也, 善假於物也.

이 단락은 『순자』 「권학」에서 가장 유명한 부분입니다.
순자는 배움의 가장 근본적인 장점을 이야기합니다. 그것은
옛날과 오늘날의 지식을 통해 능력을 확장시켜 타고난 한계
를 넘어 군자가 되게 하는 것입니다.

그는 말하길, 언젠가 온종일 고민을 한 적이 있었지만
잠깐 배우는 것보다 소득이 없었다고 합니다. 발끝으로 서
서 앞을 멀리 바라보는 것이 높은 산에 올라가 바라보는 것
에 훨씬 못 미치는 것처럼 말입니다. 생각하는 것은 배우는
것만 못합니다. 자기 안에 본래 있는 것을 생각하는 것에 비
해 배움은 '높은 곳에 올라가는 것'과 마찬가지로 외부의 더
훌륭한 조건을 이용할 수 있기 때문입니다. 이와 유사하게

사람이 높은 곳에서 손을 흔들면 팔이 길어지지는 않아도 더 먼 곳의 사람이 볼 수 있고, 바람 부는 곳에서 소리치면 목소리가 커지지는 않아도 사람들이 더 분명하게 들을 수 있습니다. 또한 수레와 말을 몰 줄 아는 사람은 다리 힘이 변변치 않아도 아주 먼 곳까지 갈 수 있고, 배와 노를 다룰 줄 아는 사람은 헤엄을 못 쳐도 손쉽게 강을 건널 수 있습니다. 사람이 군자가 될 수 있는 것은 나면서부터 남과 다르기 때문이 아니라 외부 사물의 힘을 운용하는 데 능하기 때문입니다.

남쪽 지방에 몽구蒙鳩라는 새가 사는데, 깃털로 둥지를 만들고 머리털로 엮어 갈대 이삭에 매달아 놓는다. 그런데 바람이 불면 갈대가 꺾여 알이 깨지고 새끼가 죽는다. 이것은 둥지가 불완전하기 때문이 아니라 매달아 놓은 곳 때문이다. 서쪽 지방에는 야간射干이라는 나무가 있는데, 줄기가 네 치밖에 안 되지만 높은 산 위에서 자라고 백 길이나 되는 연못을 앞에 두고 있다. 이것은 줄기가 길기 때문이 아니라 서 있는 곳 때문이다.

南方有鳥焉, 名曰蒙鳩, 以羽爲巢, 而編之以髮, 繫之葦苕, 風至苕折, 卵破子死. 巢非不完也, 所繫者然也. 西方有木焉, 名曰射干, 莖長四寸, 生於高山之上, 而臨百仞之淵, 木莖非能長也, 所立者然也.

순자는 배움에 있어서 환경이 갖는 중요성을 설명하기 위해 먼저 몽구라는 새와 야간이라는 나무의 예를 듭니다. 둘 다 환경이 서식과 식생의 기초를 제공한 경우입니다.

쑥이 삼밭에서 자라면 받쳐 주지 않아도 곧게 자라고, 흰 모래가 개흙 안에 있으면 더불어 모두 까매진다. 구릿대蘭槐의 뿌리는 백지白芷인데, 그것을 구정물에 적셔 두면 군자도 가까이하지 않고 서민도 몸에 지니지 않는다. 이것은 그 바탕이 아름답지 않아서가 아니라 담가 둔 것 때문이다. 그래서 군자는 거주할 때 반드시 고을을 가리고 여행할 때도 반드시 가까이할 사람을 가림으로써 사악하고 편벽됨을 방지하고 정도에서 벗어나지 않는다.

蓬生麻中, 不扶而直; 白沙在涅, 與之俱黑. 蘭槐之根是爲芷, 其漸之滫, 君子不近, 庶人不服. 其質非不美也, 所漸者然也. 故君子居必擇鄉, 遊必就士, 所以防邪僻而近中正也.

환경의 중요성은 다양한 기초를 제공하는 데만 있지 않습니다. 환경은 영향과 감화를 주기도 하지요. 보들보들한 쑥이 억센 삼 사이에서 자라면 삼의 영향으로 꼿꼿하게 자랍니다. 흰 모래도 검은 개흙 속에 있으면 함께 검은색이 되지요. 또한 향초인 구릿대의 뿌리를 더러운 물에 적셔 두면 아무도 그 꽃을 원하지 않습니다. 군자도 가까이하지 않고 보통 사람들도 몸에 지니려 하지 않지요. 그것은 구릿대의 본질이 아름답지 않기 때문이 아니라 환경의 영향 때문에 생긴 결과입니다. 그래서 군자는 반드시 신중하게 자기가 살 곳을 고르며, 다른 곳을 여행할 때도 역시 신중하게 가까이할 사람을 고릅니다. 그래야만 편벽되고 사악해질 위험을 피하고 언제나 정도에서 벗어나지 않을 수 있습니다.

여러 부류의 사물이 생겨난 데에는 반드시 시작이 있으며, 영광과 치욕을 얻는 것은 반드시 그 덕에서 기인한다. 고기가 썩으면 벌레가 생기고 생선이 마르면 좀벌레가 생기는 것처럼 태만하여 자신을 잊으면 화가 닥친다. 사물이 단단하면 자연히 떠받치는 데 쓰이고 부드러우면 자연히 묶이는 데 쓰인다. 사악함과 더러움이 몸에 있으면 원한이 맺히게 된다. 땔나무를 골고루 펼쳐 놓으면 불은 자연히 마른 것에

붙고 땅을 평평하게 해 놓으면 자연히 물은 젖은 곳으로 흐른다. 초목이 무성하면 새와 짐승이 그곳에 무리를 이루는 것처럼 사물은 각기 같은 부류를 따른다.

物類之起, 必有所始. 榮辱之來, 必象其德. 肉腐出蟲, 魚枯生蠹. 怠慢忘身, 禍災乃作. 強自取柱, 柔自取束. 邪穢在身, 怨之所構. 施薪若一, 火就燥也; 平地若一, 水就溼也. 草木疇生, 禽獸群焉, 物各從其類也.

환경의 영향에서 한 걸음 더 나아가 유유상종類類相從의 이치를 논합니다. 모든 사물은 종류마다 각기 기원이 있으며, 사람이 마주치는 영광과 치욕에도 상응하는 원인이 있습니다. 결코 우연이 아닙니다. 고기가 상하면 벌레가 생기게 마련이고 생선이 마르면 좀벌레가 생기게 마련입니다. 마찬가지로 사람도 나태하고 소홀해져 자신의 행위에 신경을 안 쓰면 반드시 화를 당하게 마련입니다. 성질이 단단한 물건은 자연히 뭔가를 지탱하는 기둥으로, 성질이 부드러운 물건은 자연히 뭔가를 묶는 끈으로 쓰이게 마련입니다. 몸에 깨끗지 못한 성질이 있으면 당연히 시비와 원한을 부르게 마련입니다. 또한 땔감을 고르게 펴 놓고 불을 붙이면 비교적 바짝 마른 것부터 타 들어가고, 땅을 평평하게 다져 놓고 물을 부으면 가장 축축한 곳으로 흘러가게 마련이지요. 초목이 무성하게 자란 곳에 새와 짐승이 무리지어 번식하게 마련이고요. 요컨대 같은 성질을 지닌 것끼리 서로 가까이하고 따르게 되어 있습니다.

이런 까닭에 과녁을 펴 놓으면 화살이 날아오고, 숲이 무성하면 도끼가 쓰이고, 나무가 그늘을 이루면 새들이 와서 쉬고, 식초가 시어지면 초파리가 모여들게 된다. 그래서 말은 화를 부르고 행동은 치욕을 부를 수 있으니 군자는 처신에 신중해야 한다!

是故質的張而弓矢至焉, 林木茂而斧斤至焉, 樹成蔭而衆鳥息焉, 醯酸而蜹聚焉. 故言有召禍也, 行有招辱也, 君子慎其所立乎!

사물은 일정한 인과관계로 연결되어 있는데 이것도 우연이 아닙니다. 과녁을 세워 놓으면 자연히 누군가 과녁을 향해 화살을 쏘게 마련입니다. 숲의 나무가 무성하게 자라면 자연히 누군가 도구를 가져와 나무를 베게 마련입니다. 아름

드리나무가 그늘을 만들면 자연히 새떼가 날아와 휴식을 취하게 마련이고 음식이 상해 발효되면 자연히 벌레가 꼬이게 마련입니다. 그리고 어떤 말은 자연히 화를, 어떤 행동은 자연히 치욕을 부르게 마련이니, 군자는 당연히 자신의 말과 행동이 외부에 어떻게 비칠지 신경 써야 합니다.

집중력과 인내심

배움은 변화시키는 것 말고도 한 가지 특성이 더 있습니다. 그것은 '축적'積입니다. 조금씩 쌓아 이루는 것이지요. 순자는 축적의 중요성을 길게 설명합니다.

흙이 쌓여 산을 이루면 비바람이 일어나고, 물이 쌓여 연못을 이루면 이무기가 생기며, 선이 쌓여 덕을 이루면 지혜를 저절로 얻어 성인의 마음이 갖춰진다. 그러므로 반걸음이 쌓이지 않으면 천 리 밖에 닿지 못하고, 작은 물줄기가 쌓이지 않으면 강과 바다를 이루지 못한다. 천리마라도 한 번 뛰어 열 걸음을 갈 수 없고, 둔한 말이라도 공을 포기하지 않으면 열흘의 여정을 마칠 수 있다. 나무를 조각하다 포기하면 썩은 나무도 깎을 수 없고, 포기하지 않으면 쇠와 돌도 조각할 수 있다.

積土成山, 風雨興焉; 積水成淵, 蛟龍生焉; 積善成德, 而神明
自得, 聖心備焉. 故不積跬步, 無以致千里; 不積小流, 無以成
江海. 騏驥一躍, 不能十步; 駑馬十駕, 功在不舍. 鍥而舍之, 朽
木不折, 鍥而不舍, 金石可鏤.

흙이 쌓이고 또 쌓이면 산을 이루고 그 위로 비바람 같
은 기상 현상이 늘 펼쳐집니다. 마찬가지로 물이 고이고 또
고여 연못을 이루면 그 속에 이무기가 생깁니다. 선한 마음
과 행동이 쌓이고 또 쌓이면 어떻게 될까요? 내면의 덕이 생
겨 자연히 정확한 판단력과 성인의 정신이 갖춰집니다. 다리
를 들어 앞으로 반걸음을 내딛지 않으면 절대로 천 리 밖에
닿을 수 없습니다. 작은 물줄기가 쌓이지 않으면 강과 바다
도 절대로 생겨나지 않습니다. 또한 가장 빨리 달리는 준마
도 한 번 뛰어 열 걸음이나 되는 먼 거리를 가지 못하지만, 느
려 터진 말이라도 포기하지 않고 끈질기게 가고 또 가면 열
흘이나 걸리는 긴 여정을 주파할 수 있습니다. 조각을 할 때
도 칼을 대자마자 포기하면 썩은 나무조차 새기지 못하지만,
포기하지 않고 새기고 또 새기면 가장 단단한 쇠와 돌에도

원하는 모양과 무늬를 새길 수 있습니다.

축적은 집중력과 인내심 그리고 집요함을 필요로 합니다.

지렁이가 날카로운 발톱과 이, 강한 근육과 뼈가 없는데도 땅 위에서는 흙을 먹고 땅속에서는 황톳물을 마실 수 있는 것은 마음을 쓰는 것이 한결같기 때문이다. 게가 여덟 개의 다리와 두 개의 집게발이 있는데도 뱀과 장어가 뚫어 놓은 구멍에 몸을 맡길 수밖에 없는 것은 마음을 쓰는 것이 산만하기 때문이다. 이런 까닭에 한결같은 의지가 없는 사람은 밝은 지혜가 없고, 묵묵히 노력하지 않는 사람은 성대한 공이 없다.

螾無爪牙之利, 筋骨之強, 上食埃土, 下飲黃泉, 用心一也. 蟹八跪而二螯, 非蛇蟺之穴, 無可寄託者, 用心躁也. 是故無冥冥之志者, 無昭昭之明; 無惛惛之事者, 無赫赫之功.

지렁이는 발톱과 이도 없고 근육과 뼈도 없어서 온몸이 연약하기만 합니다. 그런데도 땅속 깊은 곳까지 뚫고 들어갈 수 있습니다. 반면에 게는 단단한 여덟 개의 다리와 커다란 두 개의 집게발이 있는데도 늘 뱀이나 장어가 파 놓은 구멍에 들어가 삽니다. 이는 스스로 구멍을 팔 인내심이 없기 때문입니다. 그래서 변치 않는 굳은 의지가 없으면 배움으로 얻은 밝은 지혜가 있을 리 없고, 힘들게 몰두하는 정신이 없으면 크고 놀라운 공을 이루기가 불가능합니다.

갈림길을 헤매는 사람은 어디에도 이르지 못하고, 두 군주를 섬기는 사람은 어느 군주에게도 용납되지 못한다. 눈은 두 곳을 보면 분명히 보지 못하고 귀는 두 가지를 들으면 잘 듣지 못한다. 등사螣蛇는 발이 없지만 하늘을 날 수 있고, 날다람쥐는 다섯 가지 재주가 있지만 궁지에 처하곤 한다. 『시경』에서는 "뻐꾸기가 뽕나무에 있는데 그 새끼가 일곱이네. 선량한 군자는 그 태도가 한결같네. 그 태도가 한결같은 것은 마음이 매듭을 지은 것 같아서라네"라고 하였다. 그러므로 군자는 하나로 매듭지어진 사람이다.

行衢道者不至, 事兩君者不容. 目不能兩視而明, 耳不能兩聽而聽. 螣蛇無足而飛, 鼫鼠五技而窮. 『詩』曰: "尸鳩在桑, 其子七兮. 淑人君子, 其儀一兮. 其儀一兮, 心如結兮." 故君子結於一也.

네거리에서 왔다 갔다 하는 사람은 어디에도 이를 수 없고, 동시에 두 군주를 모시는 사람은 어느 쪽의 신뢰도 받을 수 없습니다. 사람의 눈은 동시에 두 가지 사물을 똑똑히 볼 수 없고, 귀도 두 가지 소리를 동시에 똑똑히 들을 수 없습니다. 또한 용의 일종인 등사는 다리가 없는데도 (집중력이 있기 때문에) 하늘을 날 수 있습니다. 반대로 날다람쥐는 재주가 많은데도 집중을 못해서 늘 그 재주를 펼치지 못합니다.

『시경』 조풍曹風 「시구」尸鳩에 "뻐꾸기가 뽕나무 위에 있는데 새끼 일곱 마리를 기르네. 선량한 군자는 보이는 태도가 한 가지밖에 없다네. 보이는 태도가 한 가지밖에 없는 것은 그의 마음이 매듭을 지은 듯 단단하기 때문이네"라는 구절이 있습니다. 군자는 갖가지 다른 실을 묶어 하나로 매듭을 지어야만 합니다.

옛날에 호파瓠巴가 비파를 연주하면 물속의 물고기도 귀를 기울였고, 백아伯牙가 거문고를 연주하면 꼴을 먹던 여섯 마리 말도 고개를 들었다. 그러므로 소리는 아무리 작아도 들리지 않는 것이 없고 행동은 아무리 은밀해도 드러나지 않는 것이 없다. 옥이 산에 있으면 초목이 아름답고, 연못에

진주가 생기면 연못가 언덕이 마르지 않는다. 선을 행하고 사악함을 쌓지 않으면 어찌 드러나지 않겠는가?

昔者瓠巴鼓瑟而流魚出聽, 伯牙鼓琴而六馬仰秣. 故聲無小而不聞, 行無隱而不形. 玉在山而草木潤, 淵生珠而崖不枯. 爲善不積邪, 安有不聞者乎?

전설에 따르면 호파가 물가에서 비파를 뜯으면 물고기가 깊은 곳에서 떠올라 들었고, 백아가 거문고를 뜯으면 꼴을 먹던 말이 불현듯 고개를 들었다고 합니다. 쌓은 것이 충분하면 아무리 작은 소리라도 들리게 마련이고 , 아무리 작은 행동이라도 눈길을 끌게 마련입니다(인내심을 갖고 쌓아 나가면 틀림없이 세상에 영향을 끼친다는 뜻입니다). 또한 옥이 있는 산에서는 풀과 나무가 유난히 무성하고 아름다우며, 진주가 있는 연못에서는 물가의 언덕이 마를 날이 없습니다. 선행을 실천하면 틀림없이 반응을 얻을 수 있습니다. 충분히 쌓지 못하는 것이 염려될 뿐, 충분히 쌓았다면 어찌 세상에 환히 드러나지 않겠습니까?

배움을 수단으로 삼아 집중하고 계속 쌓아 나가면 결국에는 사람들을 더 훌륭하게 변화시켜 더 훌륭한 사회를 창출

할 수 있습니다. 바로 이것이 순자가 고수한 신념입니다.

역자 후기

양자오의 독자 되기

역자는 한 외국 도서의 역자이기 이전에 독자다. 이것은 너무나 당연한 사실이어서 굳이 강조할 필요도 없다. '읽기'라는 행위가 선행되지 않고서는 번역이 불가능하기 때문이다. 하지만 2016년 12월 양자오가 광저우廣州에서 어느 신문 기자에게 밝힌, 그가 기대하는 그의 '중국 고전을 읽다' 시리즈의 독자가 갖춰야 할 자격을 생각하면 내가 과연 '양자오의 독자'일 수 있는지 조금 고민이 된다. 당시 기자는 양자오에게 "현대 독자들이 중국 고전을 읽는 데 있어 가장 넘기 힘든 장애물은 '거리감'일 겁니다. 시공간의 차이, 문체 등을 포함해서 말이죠. 그전에 당신은 누구나 고전 원전을 읽을 바탕이 있다고 말씀하시긴 했지만, 전문가가 아닌 보통 독자들이 어떻게 그 장애물을 뛰어넘을 수 있을까요?"라고 물었다. 확실히 중국 독자는 누구나 고전 원전을 읽을 수 있는 바탕이 있을 것이다. 고등학교만 졸업했어도 '어문'語文 수업에서 기본으로 고대 시와 산문을 읽어 봤을 것이기 때문이다. 그러면 한국 독자는 어떠할까? 분명히 중국 독자의 '바탕'에는 훨씬 못 미칠 것이다. 그래도 중고등학교에서 한문 수업을 받은 이들 중 일부는 한자와 중국 고전에 남다른 흥미를 갖고 있고, 그런 이들이 여전히 중국 고전과 고전 해설서의 독자로 남아 있다. 어쨌든 기자의 질문에 양자오는 다음과 같이 답했다.

솔직히 말하면 저는 모든 독자가 고전에 흥미를 느끼기를 기대하지는 않습니다. 물론 고등학교 이상의 학력으로 고문을 조금이라도 배운 적이 있는 사람이라면 대체로 고문의 규칙을 어느 정도 익혔을 테니 기초가 있기는 합니다. 하지만 원전을 읽으려면 더 필요한 것이 있지요. 그것은 축적의 과정입니다. 고문에 익숙해질수록 더 빨리, 더 많이, 더 즐겁게 읽을 수 있지요. 하지만 지름길은 없습니다. 계속 많이 읽는 수밖에 없어요.

양자오의 답은 아주 상식적이다. 우리나라의 고전 전공 교수들이 늘 앵무새처럼 반복하는 말이다. "많이 읽으세요. 그 수밖에 없습니다." 힘 빠지는 말이다. 많이 읽으면 되지만 동시에 많이 읽는 수밖에 없다니. 하지만 그게 어디 쉬운 일인가? 세상에 얼마나 할 일이 많고 얼마나 봐야 할 책이 많은데, 왜 하필 그 어려운 고전을 읽고 또 읽어야 한단 말인가? 양자오는 이에 대해서도 친절히 답을 해 준다.

그러면 어떤 계기로 고전을 많이 읽을 수 있을까요? 외적인 계기가 아닙니다. 고전을 많이 읽는다고 해서 직업을 찾거나 높은 보수를 받을 수 있는 것은 아니니까요. 고전 읽기를 통해 얻을 수 있는 것은 어떤 삶의 체험을 통한 즐거움뿐입니다. 죄송합니다. 이것은 모든 사람에게 해당되는 일은 아닙니다. 어떻게 사는지에 관심이 없는 사람은 고전에서 어떠한 체험도 얻지 못하고 어떠한 즐거움도 느끼지 못할 테니까요. 하지만 소수의 사람은 때때로 자기 삶에 불만을 갖습니다. 지금처럼 살기는 싫고 좀 더 풍부한 삶을 살고 싶다고 생각하죠. 바로 그런 사람, 특별히 의식이 있고 고전을 읽을 필요를 느끼는 독자만이 저의 대상 독자입니다.

양자오가 생각하는 그의 독자는 '자기 삶에 불만을 느끼는 사람', 그래서 고전 읽기를 통해 좀 더 자기 삶을 풍부하게 만들고 싶어하는 사람이다. 하지만 양자오의 '중국 고전을 읽다' 시리즈를 읽는 것은 그리 쉬운 일이 아니다.『상서』尚書,『좌전』,『시경』,『논어』등 고대 경전과 제자백가를 아우르는 그의 시리즈는 편안하게 읽을 수 있는 보통의 '고전 해설서'가 아니기 때문이다. 그는 자신의 책을 통해 우리가 고전 원문에 가까이 다가가 직접 그 원문의 본의本意를 '체험'할 수 있도록 '안내'할 뿐이다. 그는 그 체험과 그를 통한 즐거움을 중시하고, 자신의 역할은 독자가 그 과정을 온전히 걸을 수 있도록 도와주는 것일 뿐이라고 생각한다. 아울러 자신의 그런 역할에 무한한 자부심을 느끼기도 한다.

그런 독자는 사회에서 영원히 소수, 심지어 극소수일 겁니다. 아마도 이 사회의 10퍼센트, 어쩌면 1퍼센트나 해당되겠죠. 제가 아무리 노력해도 20퍼센트나 30퍼센트로 늘어나지는 않으리라는 것을 저도 압니다. 하지만 저는 노력을 멈추지 않을 겁니다. 1퍼센트인 것과 8퍼센트인 것은 다르니까요. 8퍼센트가 되면 이 사회는 완전히 다른 사회가 될 겁니다. 한 사회가 문화가 있는 사회인지 아닌지, 사상이 있는 사회인지 아닌지는 그 소수의 사람에 의해 결정되니까요.

내가 과연 양자오의 역자이기 이전에 독자일 수나 있을까 고민하기 시작한 것은 바로 이 글을 읽은 다음부터다. 양자오의 엄밀한 혜안을 따라 원전 한 줄 한 줄을 읽어 내려가며 그 본의를 체득하는 기쁨을 얻고, 또 그 과정을 반복하며 언젠가 독자적으로 원전을 해독하는 능력을 얻음으로써 결국에는 이 사회의 문화적 사상적 유무를 평가하는 기준이 되는 '극소수'의 독자가 된다니! 대체 고전이 무엇이기에? 고전이 얼마나 대단한 것이기에 그렇게 독자에게 엄청난 변화를 일으키고 그렇게 훌륭한 주체가 되게 할 수 있단 말인가?

저는 '고전이란 오늘날까지 남아 있는 과거의 책'이라고 생각합니다. 고전은 과거의 책이므로 우리를 위해 쓰인 것은 아닙니다. 그 시대 사람들이 당시의 현실적 문제와 현실적 관점에 관해 쓴 글이니까요. 하지만 그것이야말로 고전의 가장 큰 가치입니다. 고전은 오늘날 우리가 갖고 있는 편견과는 무관한, 오늘날과는 전혀 다른 시대에서 비롯된 정보를 담고 있습니다. 그래서 저는 고전의 현대식 읽기를 좋아하지 않습니다. 그렇게 하려면 오늘날의 책만 봐도 되지 않습니까? 현대인이 쓴 책은 사실 관점이 제한적입니다. 우리는 오늘날의 언어와 오늘날의 개념으로만 생각하고 세계를 보죠. 하지만 세계는 훨씬 더 광대하거든요. 고전은 과거의 책이므로 우리는 그 저자들의 마음속에 우리가 없고, 우리에게 잘 보이려는 생각도 없으며, 우리를 위해 어떤 말도 해주지 않는다는, 그 잔인하면서도 훌륭한 사실을 이해해야만 합니다. 그것은 대단한 일입니다. 그래서 우리는 더 힘껏 집중해서 그들을 이해해야만 하고, 그럼으로써 비로소 우리가 오늘날 살아가는 방식과 세계를 보는 방식이 한계가 있다는 것을 알게 될 겁니다. 또 한 가지, 세월의 선택을 거쳐 살아남은 것이 고전이라고 한다면 우리는 그것이 왜 살아남았는지 생각해야 합니다. 고전의 내용이 그 시대에 관심을 받던 문제였는데도 여전히 우리 시대와 관련을 갖고 또 우리가 그것에서 우리와의 어떤 공통점을 느끼는 까닭은 그것이 다른 시대, 다른 사회에서도 인간이 똑같이 마주쳤던 어려움과 그 어려움에 대한 해답이기 때문입니다.

고전은 우리에게 세계를 달리 보고 세계 속에서 달리 살 수 있는 새로운 시각을 알려 준다. 동시에 지금 우리가 안고 있는 문제가 인류의 보편적인 문제임을 알려 주며 고금을 초월하는, 역시 보편적인 해답까지 전해 준다. 물론 우리가 그 '극소수의 독자'일 때에만, 지금의 삶에 불만을 갖고 좀 더 풍부한 삶을 지향해 기꺼이 고전의 지난한 시험에 도전하는 '양자오의 독자'일 때에만 그러하다.

어쩔 수 없이 나는 계속 고민할 것이다. 『순자』의 번역을 마치고 이어서 『시경』을, 그리고 『좌전』을 번역하면서도 그 고민을 그치지 않을 것이다. 내가 진정한 '양자오의 독자'가 될 수 있을지, 아니 되고 있는 과정에 있기나 한 것인지 스스로 성찰할 것이다. 나의 이 고민에 이 책을 읽는 모든 독자도 동참해 주기를 바라면서 말이다.

2019년 4월 4일

순자를 읽다
: 유가를 중국 사상의 주류로 만든 순자를 공부하는 첫걸음

2019년 5월 14일 초판 1쇄 발행

지은이	옮긴이
양자오	김택규

펴낸이	펴낸곳	등록
조성웅	도서출판 유유	제406-2010-000032호(2010년 4월 2일)

주소
경기도 파주시 책향기로 337, 301-704 (우편번호 10884)

전화	팩스	홈페이지	전자우편
031-957-6869	0303-3444-4645	uupress.co.kr	uupress@gmail.com

	페이스북	트위터	인스타그램
	www.facebook .com/uupress	www.twitter .com/uu_press	www.instagram .com/uupress

편집	디자인
사공영, 류현영	이기준

제작	인쇄	제책	물류
제이오	(주)민언프린텍	책공감	책과일터

ISBN 979-11-89683-10-8 04080
      979-11-85152-02-8 (세트)

이 도서의 국립중앙도서관 출판예정도서목록(CIP)은 서지정보유통지원시스템
홈페이지(seoji.nl.go.kr)와 국가자료공동목록시스템(www.nl.go.kr/kolisnet)에서
이용하실 수 있습니다.(CIP제어번호: CIP2019017077)

자본론을 읽다
마르크스와 자본을 공부하는 이유
양자오 지음, 김태성 옮김

마르크스 경제학과 철학의 탄생,
진행 과정과 결과에 이르기까지
역사의 맥락과 기초 개념을 짚어
가며 『자본론』의 핵심 내용을
간결하고 정확한 시각으로 해설한 책.
타이완에서 자란 교양인이 동서양의
시대 상황과 지적 배경을 살펴 가면서
썼기에 비슷한 역사 경험을 가진
한국인의 피부에 와 닿는 내용이
가득하다.

고전강의 시리즈

종의 기원을 읽다
다윈과 진화론을 공부하는 첫걸음
양자오 지음, 류방승 옮김

고전 원전 독해를 위한 기초체력을
키워 주는 서양고전강의 시리즈
첫 책. 인간과 자연의 관계를
변화시킨 『종의 기원』에 대한 새로운
해설서다. 저자는 섣불리 책을
정의하거나 설명하지 않고 책의
역사적, 지성사적 맥락을 흥미롭게
들려줌으로써 독자들을 고전으로
이끄는 연결고리가 된다.

꿈의 해석을 읽다
프로이트를 읽기 위한 첫걸음
양자오 지음, 문현선 옮김

인간과 인간 자아의 관계를 바꾼
『꿈의 해석』에 관한 교양서. 19세기
말 유럽의 독특한 분위기, 억압과
퇴폐가 어우러지며 낭만주의가
극에 달했던 그 시기를 프로이트를
설명하는 배경으로 삼는다. 또한
프로이트가 주장한 욕망과 광기
등이 이후 전 세계 문화와 예술에
미친 영향을 들여다보며 현재의
우리에게는 어떤 의미인지 점검한다.

성서를 읽다
역사학자가 구약성서를 공부하는 법
박상익 지음

『어느 무교회주의자의 구약성서 읽기』 개정판. 한반도에서 사는 지금의 우리는 서양의 정신과 제도의 영향을 받으며 살아간다. 당연히 서양 문명의 뿌리 중 하나인 헤브라이즘을 모르고는 우리의 상황을 온전히 이해할 수도, 미래를 설계할 수도 없다. 조선 후기부터 천주교의 형태로 헤브라이즘의 영향을 받기 시작한 한반도에 20세기 초에는 개신교 형식의 헤브라이즘이 유입되었고, 광복 후 미국의 압도적인 문화적 헤게모니 속에서 개신교가 폭발적인 성장세를 보였다.

그러나 이런 양적 성장과 비교하면 질적 수준은 향상되지 않았다. 저자 박상익은 서양의 정신적 토대로 역할을 수행한 그리스도교가 한국에 와서 대중의 조롱을 받고 있는 현실을 통탄하면서, 21세기를 헤쳐 나가야 할 한국인에게 서양 정신사의 한 축인 헤브라이즘을 제대로 이해하려는 노력이 필요하며, 이를 위해서는 히브리 종교의 핵심 내용이 담긴 「구약성서」를 제대로 읽어야 한다고 힘주어 말한다.

미국의 민주주의를 읽다
우리의 민주주의를 더 잘 이해하는 법
양자오 지음, 조필 옮김

프랑스 대혁명의 혼란에서 벗어나지 못한 프랑스인에게 미국의 민주주의를 소개하고 프랑스에 적용하고자 한 프랑스의 알렉시스 드 토크빌이 쓴 『미국의 민주주의』는 방대한 분량으로 읽기 쉽지 않은 책이다. 타이완의 지식인 양자오는 『미국의 민주주의』는 토크빌과 프랑스 대혁명의 역사 배경과 미국 독립 혁명의 전후 상황 등을 훑으며, 토크빌이 『미국의 민주주의』에서 서술하고 분석한 미국의 민주주의 가치와 평등의 힘을 알기 쉽게 설명한다. 그리고 미국의 민주주의와 평등이 당시 프랑스뿐 아니라 현대의 우리에게 어떤 의미가 있는지 고민해 보기를 권한다.

미국 헌법을 읽다
우리의 헌법을 더 잘 이해하는 법

양자오 지음, 박다짐 옮김

미국 헌법은 근대 최초의 민주 국가
미국에서 만든 헌법이다. 이후 수많은
나라에서 미국 헌법을 참고하고
모방하여 헌법을 제정했다. 민주
헌법의 원형이 미국 헌법이라고도
할 수 있는 것이다. 타이완의 지식인
양자오는 『미국 헌법을 읽다』에서
미국 헌법이 만들어지기까지의 역사
배경을 소개하고, 미국 헌법을 원문과
함께 살펴보며 헌법 조문의 의미와
맥락을 알기 쉽게 설명한다. 이를
통해 우리는 오늘날 전 세계에 막대한
영향을 미치는 미국이라는 나라의
토대를 이해하고, 오늘날 우리 삶의
기반을 만든 고전이자 현대 민주주의
제도의 근간을 이루는 헌법을
이해할 수 있을 것이다.